サビカス
ライフデザイン・カウンセリング・マニュアル

キャリア・カウンセリング理論と実践

マーク・L・サビカス 著
日本キャリア開発研究センター 監修
水野修次郎 監訳・著
加藤聡恵 訳

遠見書房

マーク・L・サビカス
元ノースイースト・オハイオ医科大学教授（家族・コミュニティ学専攻）。現在は，ケント州立大学兼任教授。南アフリカのプレトリア大学特別教授や英国ワーウック大学客員教授など。90以上の論文，50冊以上の分担執筆，500回以上の講演をしてきた。医学生のキャリア支援を中心にキャリア・カウンセリングの教育・実践・研究を行っており，1974年より合わせて5,000人を超える面接経験がある。多くの学会賞を受賞したキャリア・カウンセリングの第一人者であり，彼のキャリア構成理論は21世紀のキャリア・カウンセリングを語るうえで，最重要のテーマとなっている。

著者近影

Life-Design Counseling Manual

Copyright © 2015
by
Mark L. Savickas

Japanese translation rights arranged with Mark L. Savickas
through Shujiro Mizuno and Japan Institute of Career Development

All rights reserved. This information has been translated from the English language
with the approval of Mark L. Savickas.
著作権情報：無断転載を禁止します。
本書は，マーク・L・サビカスの承認を得て，英語から翻訳されたものです。
また，第6章については以下の翻訳です。
Life Design: A Paradigm for Career Intervention in the 21st Century. *JCD*, 90 (1), 13-19, 2012
（This information has been translated from the English language with the approval of
Carolyn C. Baker, Associate Publisher American Counseling Association）

親愛なる大切な同僚へ

　キャリア構成とライフデザインに興味を持っていただき感謝いたします。ご存じのように，仕事の世界は，急速な変化が進行中で，とりわけコンピューター革命や経済のグローバル化が進んでいます。企業や会社は，数十年に渡り，職業や家族の歩む道筋を標準化してきましたが，私たちは，現在，企業や会社の規模が縮小するのを経験しています。そのために，学校を卒業して就職することや，ある仕事から次の仕事に移動することにおいては，会社に依存するというよりは，個人に依存する度合いが大きくなっています。このように人生コースを個人化する傾向は，ポストモダン社会の中核的な特色です。標準的な人生の予定表は，かつては伝統的に個人の発達やライフプランに一定の枠組みを提供していましたが，脱標準化されてしまいました。計画表や伝統的な人生航路はかすんでしまったので，標準化された制度的な人生コースというパターンは，多様で個別化された，各自が作成するストーリーに置き換えられました。

　この人生コースが個別化されることによって，不確実性に満ちた世界における可能性や課題に応えるための準備や順応するために，さらに柔軟に対応することが必要になりました。ますます，人々は自分の人生を形成し，自分たちの選択した人生のストーリーを作成することに対して責任を持つ必要性が出てきました。

　本書で表明していることは，人生を個別に設計することは，21 世紀の一般的な特色になっている事実です。人々は，自分の人生を形成することにさらにかかわることが期待されています。本書で示すモデルや方法によって，各自は，自伝的な物語と職業の可能性との間に意味あるリンクを構成するための推論を進めることができるようになります。ライフデザインのための道具と技術を持つことで，カウンセラーは，クライエントが自己の内部に確実性をもたらす「キャリア・ストーリー」を構成してそれを語ることができるように，クライエントを支援することができます。

　一貫性と継続性のあるストーリーを構成することは，みずからの方向を決定し，個人的に責任を負うための内なるガイドを提供することになります。これが，不確実の世界において意志決定をして個人の発達を促す安定した中核として役立ちます。明確で首尾一貫したアイデンティティ，あるいはライフストーリーは，絶

え間なくその姿を変える世界において，最善の可能性ある未来を構成するための生涯に渡るガイドとなるでしょう。

　ライフデザインとキャリア構成ためのカウンセリング方法は，個人の特殊性と意味と価値に満たされた人生選択をする方法に焦点をおいています。自己構成とライフデザインのためのキャリア・カウンセリングは，伝統的な職業ガイダンスと取り換わるものではありません。むしろ，ガイダンスと並ぶ位置を占めるものです。職業ガイダンスは，測定値やグループの類似性に焦点がありますが，キャリア構成はストーリーや個人の特殊性に焦点があります。したがって，キャリア構成とライフデザインは，カウンセリングという職業そのものが再編成する中で，絶え間なく変化する世界で暮らす人々が順応し花咲くための援助をするために，カウンセラーのレパートリーとして付け加えられるものです。

マーク・L・サビカス

もくじ

親愛なる大切な同僚へ　3

第1章　ライフデザイン・カウンセリングとは …………………………　8
カウンセリングと比較したガイダンス　10／ナラティヴを使うことの論理的根拠　11
／中核となる要素　12／関係性　13／内省　13／意味の創造　14

第2章　転機のナラティヴ ………………………………………………　17
転機のナラティヴを引き出す　17／導入の質問　18／ナラティヴの内容と形式のアセスメント　19／カウンセリング目標の共構成　24

第3章　キャリア構成インタビュー ……………………………………　26
CCI質問1：ロールモデル　26／CCI質問2：雑誌，テレビ，ウェブサイト　28／CCI
質問3：大好きなストーリー　30／CCI質問4：好みの名言・格言　31／CCI質問5：
幼い頃の思い出　33／キャリア構成インタビューを終える　34／CCI：キャリア構成
インタビュー（カウンセラー用記録用紙）　35

第4章　ライフ・ポートレートの再構成 ………………………………　38
プロットとテーマ　38／第1の課題：視点のフレーム　40／第2の課題：自己を説明
する　46／第3の課題：ERとロールモデルの特性をリンクさせる　48／第4の課題：
興味に名前を付ける　51／第5の課題：役割の台本を書く　55／第6の課題：アドバ
イスの適用　59／第7の課題：ライフ・ポートレートの統合　61

第5章　カウンセリング・プロセス ……………………………………　63
パート1：ストーリーを再び語る　63／パート2：行動計画　67／終結のためにセッ
ション2　70／セッション3　74／さいごに　74

第6章　ライフデザイン──21世紀のキャリア介入パラダイム ……　79
キャリア介入のための新しいアプローチ　81／新しいパラダイム　81／自己（Self）
82／アイデンティティ　83／ライフデザイン：キャリア介入の新しいパラダイム　84
／構成　85／脱構成　86／再構成　87／共構成　89／行動　90／キャリア構成カウ

ンセリング　90／結論　91

解題　Savickas 博士からの宿題（水野修次郎）‥‥‥‥‥‥‥‥‥‥‥‥ 98

宿題その１：21 世紀に生きる意味　99／宿題その２：人生の転機　102／宿題その３：
文化の取り入れの程度　106／まとめ　108

監修者あとがき　95

お知らせ「私のキャリア・ストーリー」ライフ・キャリアを成功に導く自伝ワークブック　110

ライフデザイン・カウンセリング・マニュアル

第1章

ライフデザイン・カウンセリングとは

　この『ライフデザイン・カウンセリング・マニュアル』が提示することは，カウンセラーはクライエントのキャリア転換の支援を原則に従って実施してほしいということである。このマニュアルを書く第1の目的は，対人支援を学ぶ大学院生やカウンセラーがキャリア構成のためのライフデザイン・カウンセリングに関連する知識を深め，スキルや手法を身につけることである。本書を「マニュアル」と明示することによって，ライフデザイン・カウンセラーはさらに意図的にクライエントの変化を促進して，そのための理由づけをもさらに理解できるようになるだろう。第2の目的は，研究者がカウンセリング・アプローチ研究をする際に，ライフデザインというディスコース（discourse）をより一貫したものにできるように標準化するためである。

　先に進む前に，「キャリア構成のためのライフデザイン・カウンセリング」という用語について説明する必要がある。私は，応用心理学でいうところの職業に対する態度のキャリア構成理論（Savickas, 2002, 2013）とカウンセリング専門職者でいうところのディスコースとしてのライフデザイニング（Savickas, 2011）を区別している。「ライフデザイン」という語を使うのは，「職業ガイダンス」および「キャリア教育」の後に続く第三のパラダイムとして意味づけたいからである（Savickas, 2015a）。なぜ第三のパラダイムとまで言うのかと言えば，職業ガイダンスにおける「テストの得点（score）」から，キャリア教育における「舞台で行動・演技する（stage）」へ，そしてライフデザインにおける「プロットのある物語（story）」への変遷を示しているからだ。この「マニュアル」に書かれている介入は，キャリア構成理論をライフデザイン・ディスコースに応用するものである。この介入を表現するため，「キャリア構成のためのライフデザイン・カウンセリング」というまさにそのものの語句を使うのである。簡潔に，ライフデザイン・カウンセリングまたはライフデザイニングと呼ぶこともある。他の著者が，キャリア構成カウンセリングと呼ぶこともある。もちろん，ライフデザイニングはキャリアを築き上げることよりもっと意味の幅が広い。したがって，幾人かの

同僚たちや私は，最近，ライフデザイン・カウンセリング・ディスコースの精緻化に努力して，対人関係や親密な関係をその中に含もうとしている。

この「マニュアル」には，カウンセラーがクライエントのキャリアに対する心配事に対処するために，何らかの枠組みをもってカウンセリング・ルームに入ることができるように，ライフデザイン・カウンセリングのためのプロトコル（台本）を提示する。そして，セッションごとの原則，そして手順の概要や対処法を記述する。各構成要素は，日々の実践で明確に定義されているもので，かつ柔軟な手順も含めた。カウンセリング手法および方略は，具体的で明確，かつクライエントの実例を浮かび上がらせるものである。構造化され，システム化されてはいるが，柔軟なガイドラインによって，カウンセラーはおおよそのクライエントの状況や価値に焦点を当てることができる。機械的にガイドラインを当てはめるというよりも，カウンセラーは，熟慮しながら，クライエントの現実とニーズに合うようにこのガイドラインを役立てることができるだろう。

特定のクライエントに合う介入方法を決めるのは，創造的な仕事である。目標に向かってクライエントが進む際に何が影響するのか考えながら，カウンセラーは，クライエントにとって有効な方法を見立てなければならない。ライフデザイン・カウンセリング自体は，即席の対応もある。例えるなら，ライフデザイニングはジャズのようなものである。ジャズ・ミュージシャンは譜面どおりに演奏しない。その代わり，楽譜を創造的に用い，ときに，その行間を読むのだ。ライフデザイン・ディスコースとキャリア構成理論について詳しくて感受性豊かなカウンセラーは，確信をもってクライエントのニーズをその場で満たすことができるだろう。ピカソ曰く，「プロのようにルールを学べ，そうすれば，アーティストのようにそれを破ることができる」

ライフデザイニングの楽譜はどこから来るのだろうか。ガイドとなるルールと介入の手続きは，たいていカウンセリングに関する研究より情報が得られたものだ。とりわけ，クライエントのフィードバック，臨床上の観察および公刊されたケース・スタディを含む実証研究からである。この「マニュアル」は，対処方法が研究によるエビデンスがあり，証明された結果に基づいていると言うのではない。むしろ，ケース・スタディに描かれたキャリア構成のためのライフデザイン・カウンセリングの最良の実践とカウンセラーの経験を集めたものからできている。したがって，ライフデザイン・カウンセリングはモデルや理論を意図しているものではない。というよりも，カウンセラーがどのように進めるかについて理解を

深めるためにどの概念を用いるかというディスコースである。これは，科学的な測定，経験または予言を導くものではなく，実践が基となる知識をシステム化するための推論的に考案されたものである。

　カウンセリングについて言及するとき，私は「理論」や「モデル」という本質論よりもディスコース（言説）という言葉を使いたい。カウンセリングがディスコースを生み出すというよりも，学問的な規律あるディスコース（disciplinary discourse）が生じてくることを意味する（Davies & Harre, 1990）。実践が理論を導くのであって，その逆ではない。職業の社会構造が進展し，キャリアの軌道が変化するにつれ，理論がクライエントのニーズに発言する前に，カウンセラーはクライエントのニーズに応えなくてはならない。したがって，ライフデザイン・ディスコースは，効果のある新しいキャリア・カウンセリング実践に倣って形成されている。キャリア・カウンセリングそのものは，時間をかけ，無数のディスコースを伴う広範囲な原則に発展し，職業ガイダンス，学問的アドバイス，キャリア教育，職業紹介，キャリア開発，キャリア・コーチング，職業リハビリテーション，キャリア構成およびライフデザイニングを統合した特徴的な他と違った介入およびサービスを構成する（Savickas, 2015a）。

カウンセリングと比較したガイダンス

　ここまでの目的は，単に点数が基になった職業ガイダンスの実践とストーリーに基づいたライフデザイン・カウンセリングを区別したいということだ。職業ガイダンスは，論理的な実証主義に基礎がある。このディスコースは，カウンセラーを主体とし，クライエントを客体とする。職業ガイダンスは，能力や興味，パーソナリティ特性のような本質的な分類の観点から導き出されたプロトタイプと，職業グループに対するクライエントの客観的な類似性を測定する。学問的な規律あるディスコース（disciplinary discourse）としてのライフデザイン・カウンセリングは，2つの解釈を好み（Rennie, 2012），クライエントとカウンセラー両方が主体として存在する。ライフデザイニングでは，クライエントに類似する人を示すようなテストの点数ではなく，ストーリーを用い，クライエントの独自性を表す。クライエントの語りの違いを示すために，ライフデザイニングは意図，目的や欲求といった構成上のカテゴリーをアセスメントする（Madigan, 2011）。要するに，ガイダンスは点数に焦点を当てるのに対し，デザイニングはストーリーに焦点を当てている。

第1章　ライフデザイン・カウンセリングとは

　職業ガイダンスとライフデザイニングの違いについてより多くを学ぶには，サビカス（Savickas, 2012, 2015a）を参考にすること。職業ガイダンスとライフデザイニングの両方ともに重要な介入であるが，本書では，この2つは顕著に異なるものであると指摘すれば十分である。能力のあるカウンセラーならば，クライエントのニーズによってどちらのディスコースも成立させることができるだろう。そもそもカウンセラーが専門家であるためには，1つのディスコースというより多くの原則を知らなければならない。優秀であるためには，複数のサービスを提供し，さまざまな介入を適用する必要がある。したがって，ライフデザイニングは職業ガイダンスとともに行うことはあるが，それに代わることはない。

　もしカウンセラーが職業ガイダンスであるか，キャリア教育であるか，ライフデザインであるかの特定のディスコースに立場を決めるならば，個別の目的のために定められ，特定の原則と実践によって形作られて意味づけされた道を歩むことになる。ライフデザイニング・ディスコースの道は，個人のワーキング・ライフについての語りを聞き，キャリアをストーリーと定義づけることから始まる。私たちは言語の世界に生きているので，そのストーリーは職業の選択や仕事の行動に意味を与える。ライフデザイン・カウンセリングは，クライエントとカウンセラーの間の意味づけられたダイアローグ（対話）の道をたどる。最初にクライエントを励まし，継続性と一貫性をもって，アイデンティティ・ストーリーを語らせ，その後，彼らが進みたいと望む人生に適応した行動をするように促す。

　この「マニュアル」は，クライエントをエンパワーしてキャリアを構成するためのライフデザイン・カウンセリングの目的と原則，実践を言語的に記述をする（また操作的には定義をする）。クライエントとカウンセラーは，このマニュアルに導かれた道を進み，関係を築いて協力してキャリアについての懸念に立ち向かい，仕事上の役割についての問題を解決する。

ナラティヴを使うことの論理的根拠

　人々は自分たちの人生を構成し，アイデンティティを築き，自分たちの問題に意味づけをするためにストーリーを用いる。クライエントはカウンセリングをストーリーを語ることで始めて，その変遷のいくつかについて話す。人々の話すストーリーには対処様式がある。人との関係性についてのストーリーを持つことによって，カウンセラーは，クライエントが人生について深く考えることができるようにする。自分のストーリーの中だけにいると，古い考えを揺るがして決断を下

表1　ライフデザイニングのシーケンスの概要			
クライエントの経験	ライフデザイン	学習サイクル（Kolb, 1984）	クライエント操作モデル（Watson & Rennie, 1994）
緊張	構成	具象経験	シンボリック（表象）
注目	脱構成	内省観察	自己省察
意図	再構成	抽象概念化	新しい自覚
拡張	共構成	アクティブな実践	セルフの修正

せなかったり，選択を促すような気づきがなくなったりすることがよくある。クライエントはストーリーを口に出して表現をする。これは，すでに知っていることに耳を傾け，自分が求めている答えを見つけるということである。クライエントが知ることによって，修正されたアイデンティティ・ストーリーが見せる新しい視点が浮かび上がる。この新しい視点を得たことにより，クライエントは選択肢を明らかにすることができる。そして，転機を橋渡しする変化への行動を促す機会にするというやり方で，自分のストーリーを精緻化あるいは改訂をする。

　表1に概説するように，ライフデザイン・カウンセリングは標準の流れに従えば，Kolb（1984）の経験的な学習サイクルや，Watson と Rennie（1994）のクライエント操作モデルに似ている。ミクロ・ナラティヴを構成することによってクライエントの緊張に対処するところからプロセスが始まり，具象経験の表象（シンボリック）を表す。この後で，内省観察と自己省察に焦点を当てて，思考することを制限しているものや，不正確な信条を脱構成する。第3のステップで，新しい自覚が生じる抽象概念化により，マクロ・ナラティヴを再構成し，新しい意思を生成する。そして最終的に，クライエントとカウンセラーが現実世界のアクティブな実践を通して，セルフの修正を拡張する行動計画をともに構成する。

中核となる要素

　ライフデザイン・カウンセリングで，中核となる要素は，関係性，内省，意味の創造である。ライフデザイン・カウンセラーは関係性を作り，内省を促し，意味の創造を働きかける専門家であり，経験の構成および再構成を通してクライエントに意味の創造を促させる能力がある。協働的な関係性により，意味の創造のための安全な空間がもたらされる。そのような安心感のある環境の中で，キャリ

アを再構成するという課題のためにクライエントの自己内省を意図的に促す方法をカウンセラーは知る。

関係性

ライフデザイン・カウンセリングは，２人の平等な関係を築くことができる専門家が関与する。クライエントは自分自身のストーリーの専門家で，一方，カウンセラーはライフデザイン・カウンセリングの専門家である。よって，ライフデザイン・カウンセリングの最初の課題は，クライエントが自分のストーリーを語り，内省するのに十分な安心感を持つ関係性を築くことから始まる。

クライエントとカウンセラーの関係性が築くものは，クライエントが「隠された無意識」（Stern, 2004）または「深く考えたことがないが知っていること」（Bollas, 1987）を含む，考えていることや人生ストーリーを話すことが快適だと感じる環境のための安全な基盤である。作家の E. M. Forster（1927/1985, p.99）の言う，「語っていることが何か確認できなければ，自分の考えていることをどのように話すことができるのか」である。クライエントは自分のストーリーをカウンセラーに語るにつれて，隠された無意識や深く考えたことがないが知っていることをもっと完全に知り処理することができる。信頼できるカウンセラーとの安全な関係の中で，クライエントはすでに知っていることをよりよく理解し，内省することができる。その関係の中での一員として，カウンセラーはクライエントのニーズはすでにクライエントの中にあると確信できる。クライエントを変化させるというカウンセリングというよりも，クライエントが，カウンセリングを使って，自分をよりよく知ること，状況を理解しようとすることを阻害する障害を取り除くことで，より完全なものになる。

内　　省

キャリア構成および再構成は，系統的で自伝的な内省[訳注1] を通して展開し，クライエント自身の人生の知識を深める。ライフデザイン・カウンセリングは，常に，現在の位置から過去を振り返るので，自己の現在の意味について焦点を当て，省察を始める。カウンセラーは，クライエントに選択と行動の結果としての現在

訳注1）内省：原著では reflection（反映・反響の意味もある）であるが，サビカスは reflexity という第二次変化（本質的な変化）のある洞察と行動の変化を伴う内省をも意味させているので，孤独で内向きなイメージのある内省とは次元が異なることに留意されたい。

の自己および状況のポートレートとなるものを言葉で描かさせて，クライエント
に人生の継続性と一貫性について吟味させる。こうすることによって，意味を構
成する位置にクライエントを動かして，異なる視点から見ることで自己の人生ス
トーリーをより明確に知ることになる。

　ライフデザイン・カウンセリングが進行する間，懐古的な思い出の中身は，足
場を形成するための複数の質問によって引き出される小さなストーリーによって
作られる。このような複数の質問をすることで，クライエントは問題と距離を置
くことができ，内省する余地が作り出される。その後，クライエントが最初のス
トーリーを語り，内省するにつれ，自己構成と自己構造のプロセスが生じて，現
在の文脈，状況および役割をどのように理解しているかが明らかになる。このよ
うなマイクロ・ナラティヴについての自伝的な理由づけによって，意味の創造お
よび意味の構成への可能性が開かれる。小さなストーリーを語ることで，クライ
エントは自己の外に出て，自分の人生を容易に観察することができる。それから，
より大きなストーリーの中で自己の人生を体験し，マクロ・ナラティヴを再構成
することが可能になる。より大きなストーリーや修正されたアイデンティティの
中での意味の創造は，意図を意識的に開拓することにつながる。

意味の創造

　意味の創造は，ライフデザイン・カウンセリングの中核となる要素である。な
ぜなら，人生の目的を明らかにし，意図を育成して，自己への関わりを促すから
である。固定された社会に生きていた以前の世代は，組織に参加することができ，
30 年のキャリアの安定性と，目的の意味と，枠組みが提供された。今日のポスト
モダンの流動的な社会は，不安定で，不確実で，リスクが多い。流動的な社会で
は，多くの人が「どう生きるか」，「私の思いを実現するためにどのように人生を
デザインするか」という問いに自分で答えを出す必要がある。現代社会の慣習は，
かつては両親や祖父母がこのような質問に答えていたような標準的なシナリオを
もはや出してくれない。今日では，自分で著作したアイデンティティ企画書の実
現に努力することによって，自分でこの質問に答えるのである。各個人が自分の
考えを明らかにして，組織に所属したキャリアではなく，自分自身のプロジェク
トを実現する努力が要求される。

　ライフデザイン・カウンセリングは，クライエントを勇気づけて，目的を述べ，
意図を形成し，自己に献身することによって，人生の意味を見出すようにさせる。

当然キャリアは決定されるものである。しかし，実際の結論は目的意識である。目的意識は，多数の選択肢を与え，キャリアを構成する。目的意識が意図を生み，人生の方向を決める。このような理由で，ライフデザイン・カウンセリングは意味の創造を強調し，知覚をコントロールし，可能性を描き出すという目的を明らかにする。要するに，目的が意図につながり，実社会での行動のかじとりをする。

　ライフデザイン・カウンセリングでは，意味を創造することはナラティヴの構成を要する。クライエントは，ストーリーを完成させたものの，脱ストーリー化したり，あるいはストーリーから外れた後に，カウンセリングを開始する。このような人々は，自分たちの状況の理解もできないし，どのように行動していいか戸惑うだろう。このような人は，日常生活を阻害させ，中断させてきた分離の混乱の意味を理解しなければならない。多くのクライエントは道に迷い，自分たちが誰であるか，そして何をするかという台本のない見ず知らずの状況に遭遇している。人生に新しいストーリーを作るために，現在起きていることを解釈する必要がある。意味を創造するためには，適応行動を促す新しい状況やストーリーを言葉で理解しなければならない。新しいストーリーは妥当な説明を描き出し，何が起きているかを明らかにし，行動への可能性をもたらす。ライフデザイン・カウンセラーにとって，行動することは意味に満ちた行為と態度を象徴する。Kelly（1955）がかつて言ったように，人々は行動を起こし，何が起こるかを見て，世界を知る。カウンセリングが完成する時は，クライエントが，カウンセリング中に著作する新しいナラティヴにある仮の理解を試してみようとする意図的な行動を取るときである。

　ライフデザイン・カウンセラーが意味を「**与える**」ことに従事するとは，個人のストーリーを喚起させる足がかりとなる質問をして，クライエントに意味を「**創造**」させ，意味を構成させることに影響を与えるように試みることである。これらの質問は，ナラティヴを素早く再構成させ，再編させ，新しい説明をはっきり述べさせ，革新的な行動を促す。

　ライフデザイン・カウンセリングをすると，クライエントの意味を「解釈」する必要があると心配するカウンセラーがいる。私は意味を創造することは，解釈することと異なると主張したい（Matlis & Christianson, 2014）。「意味の創造」とは，人々が不確実で曖昧な状況に意味を構成し，意味を与えるプロセスである。「解釈」は，カウンセラーが潜在的な内容を特定し，クライエントの洞察を促し，隠れた意味を明らかにすることである。解釈は，すでに存在する意味の枠組みであ

り，カウンセラーはそれをクライエントの中に認識させるための手がかりを用いる。例えば，心理テストの解釈中，カウンセラーはクライエントの態度から手がかりを用い，それらを RIASEC の枠組み（Holland, 1997）に当てはめる。意味の創造は，カウンセラーの解釈というよりもクライエントが作り上げたことや発見したことに関連する（Weick, 1995）。意味の創造では，クライエントは最初に出来事や視点を構成し，その後，前から存在する枠組みを用いることなく自分自身の意味の枠組みを創造することによってそれを理解したり考えたりする。要するに，ナラティヴの構成または著作は，意味の創造の前に起きる。クライエントの好む意味の創造の枠組みや視点は，客観的ではあるが，正しいものと考えるべきではないことも指摘しておこう。どのような特定の視点であっても，意味の創造や意味の生成に役立つだろう多くの可能性のある経験構造の中の一つにすぎない。

第2章

転機のナラティヴ

　ライフデザイン・カウンセラーは，最初のセッションで，クライエントにキャリア・ストーリーについて話すように促し，自伝的に省察して推論させるように努力する。カウンセラーは，第1回目のセッションで転機のナラティヴを引き出し，キャリア構成インタビューを行うように努める。クライエントの応答を第2のセッションで使い，転機の意味を理解するように援助し，意志を形成し，目標を設定し，行動計画を作成する。転機のナラティヴを引き出すために，カウンセラーはクライエントとの最初の関係を確立する。

転機のナラティヴを引き出す

目標
　関係性を確立し，目標を形成し，課題を言語で表現することで，作業同盟を作り出す。

理論的根拠
　カウンセリングを始めるときに，カウンセラーはクライエントをカウンセリング・プロセスの方向に進める。暗示的に，あるいは明示的に，カウンセリング・プロセスの3つの側面を説明する。第1に，クライエントは自分自身の人生の内容に関する専門家であるのに対し，カウンセラーはカウンセリング・プロセスの専門家である。第2に，クライエントがカウンセリングの進行を指示し，その後ろに控えるカウンセラーは，専門としているカウンセリング・プロセスを担当する。そして第3に，カウンセラーの仕事は，クライエントの作業を促すことである。カウンセラーの真髄は，解答を与えることではなく，質問することにある。
　このことを心に留めて，カウンセラーはその場にいるクライエントと向き合う。クライエントの心配事と目標を受け入れることで，カウンセラーは専門家であるとクライエントに気づかせ，セッションを管理することができる。クライエントにとって現在の状況が意味するものや状況に対する感情を探求することによって

前に進むことができる。こんなふうにして，カウンセラーはクライエントの中に存在する最良のものを認識し，省察する。カウンセラーは，クライエントに対するケアの思いを伝える。クライエントは，このような純粋なケアリングの表明が極めて感動的であると感じる。多くのクライエントは，カウンセラーがケアリングな思いを表明するときが，最も重要な瞬間であったと報告する。

導入の質問

クライエントとの最初の関係が設定されて，守秘義務が約束された後で，最初の質問をすることで，カウンセラーは協働関係の基盤を設定する。「私は，どのようにお役に立てますか？」カウンセラーは，助ける（help）ではなく，役に立つ（useful）という語を常に選択する。クライエントは無力ではない。相談を受けるために来ているのである。最初の応答を聴いた後，カウンセラーはクライエントの応答がそれで終了したと思ってはいけない。クライエントが自分の心に対して開かれるのを促進するために，カウンセラーはクライエントに「**何か付け加えることがありますか**」と質問する。

クライエントが話している間，カウンセラーは気持ちを聞き取る。冷静に話すクライエントもいれば，感情を自由にたっぷりと表現するクライエントもいる。感情表現を使っていない場合でも，クライエントを取り巻く環境の意味を感じさせるものに気を配る。話すことが許容されて，促されることで，クライエントは変化への最先端となる深い感情について話し始めるだろう。否定的でかなり強い感情は，変化する必要性があり，意味の創造をかきたてるエネルギーを与える。カウンセラーによっては，クライエントに次の説明する。そのような感情は「私から私へのコミュニケーション」（Leitner & Fraidley, 2003）であり，どのようになりたいかに注目を向けてはどうかと。

クライエントの問題を一般化して，多くの人が理解でき，直面する問題であると説明するのは名案である。このようなことは，カウンセラーは手短かに行う。ただし，罪や恥の感情が表現される場合，つまり，問題についての問題があるならば，注意が必要だ。このようなケースでは，カウンセラーは，問題があることについてのクライエントの感情に対処する。

どのくらい背景情報を集めるかは，カウンセラーによって異なる。個人的には，私はごくわずかしか集めない。なぜなら，関連情報は，カウンセリング中に必要に応じて出現すると思うからである。しかし，クライエントの教育歴や職歴につ

いての詳細を知るのを好むカウンセラーもいる。過去について知ることに多くの時間を費やすが，たいていの場合，クライエントではなく，カウンセラーが心地よさを感じる。カウンセラーの進行管理でセッションを始めることになり，カウンセラーは情報を集め，診断し，問題を解決する医者のようになってしまう。

実施のヒント
・ クライエントの使うメタファーと共鳴するメタファーを使うこと。例えば，クライエントが海で迷っていると表現したら，カウンセラーもコンパス，ナビ，嵐や避難港のように，同じようなメタファーを用いる。
・ ストーリーの切れ目，つまり，話されておらず，話すこともできないストーリーについて考えること。
・ クライエントが涙するときは，満たされぬニーズに対しての感情を抱いているからである。涙を認めて受け入れ，いまだ満たしていないニーズに対応すること。
・ クライエントの沈黙を尊重すること。制約されている自己から立ち上がる姿を待つ。休止の力は豊かな意味に満ちた空間にある。
・ ため息の意味を探求し，クランエントが次に何を言うかに注目すること。ため息は，息を奪うような思いから生じていたかもしれない。
・「みんな，そのように感じている」のような一般化に反対すること。
・「すべき」「当然」「しなければならない」などの言葉に異議を唱えること。
・「希望する」「そう望む」「求める」「欲求する」「達しそこなう」「足りない」などのニーズの信号を送る言葉の意味を強める。
・ 後ほど議論を刺激する源になるような意味を強調する言葉「とても」「極端に」「いつも」「実に」「まったく」「絶対に」などに注意すること。そこに頑固な態度や潜在的なストレッサーの兆しとなる可能性があるためである。
・ クライエントが欲することに専念すること。カウンセラーが楽しむためでも，クライエントのニーズだと勝手に思う介入や手順ではない。もし必要があればライフデザイン・カウンセリングの結論部分で，さらなる介入や相談を勧めることができる。

ナラティヴの内容と形式のアセスメント

人は，問題の意味を理解するためにカウンセリングを求め，新奇で，曖昧で，期

待を裏切るような出来事に対処する。最初の質問に対するクライエントの応答で，彼らの抱える現在の転機についてのストーリーがわかるだろう。このストーリーは，相談を続けるための枠組み（フレーム）を提供する。カウンセラーは，クライエントがいかにうまく問題を語っているか，つまり，経験の意味を理解し，ストーリーの中にまとめているかを見立てる。カウンセラーは，私が「転機のナラティヴ」と呼ぶその短いストーリーを理解し，それが後に潜在的にテーマである関心として展開するのを楽しみにして待つ。転機のナラティヴは，複雑な関係を予見させ，新しい洞察を期待させ，可能な解決策を提案しながら，カウンセラーが前に進むように手招きする。経験豊富なカウンセラーは，しばしば短いストーリーのはじめの展望から，カウンセリングの結果を予想することがある。しかしながら，クライエントはまだその結果が見えず，転機のナラティヴで話してきたことを理解するというカウンセリング・プロセスを必要とする。

物語の内容

カウンセラーは，クライエントのストーリーを理解するために，ストーリーの内容とクライエントがストーリーをどのように話すか，の両方を，意味と感情から評価する。ストーリーの内容は，問題，他の人々，そしてカウンセラーとの関係において自己をどう位置づけているかを表している（Madill, Sermpezis & Barkham, 2005）。カウンセラーは，ストーリーの内容について4つの質問で評価する。

- 問題に対処するために，クライエントは自己を活動する主体であると位置づけているか。
- 問題についての表現が固定された用語で，否定的な言葉や心理的な表現を用いてないか，あるいは多少ポジティブな感情で適応しているものはあるか。
- 他者との関係で，自己は社会サポートや社会資源があると位置づけているか。
- カウンセラーとの解決手段という関係で，クライエントは自身を活発に活動する者として位置づけているか。

物語るプロセス

ストーリーの内容に加え，カウンセラーはクライエントがどのようにストーリーを話すかを見立てる。ライフデザイン・カウンセラーは，ナラティヴの内容に存在する意味と感情を見立てて，クライエントに関わり始める最良の方法を考え

る。カウンセラーは自問する，「クライエントは，語りの内容と感情を，明確に一貫したものとして表現しているか」。「感情焦点化療法(emotion-focused therapy)」の創始者たちは，クライエントがストーリーを形成する際の6つの異なる方法があることを述べている（Angus & Greenberg, 2011）。これらのストーリー形成のノウハウを転機のストーリーに適応し，クライエントがカウンセリングを通して何を求めているかについて話す。ストーリーの形式によって，内容の意味の理解に焦点を当てるものもあれば，感情に注意を向けるものもある。この6つのストーリーの形式は，「同じ古いストーリー」，「未だ話されていないストーリー」，「ストーリーになっていない強い感情」，「変化途中のストーリー」，「空虚なストーリー」，「競い合うプロット」である。

「同じ古いストーリー」は，クライエントが状況や問題を一般化した表現で表す。マーカーとなる言葉は，「絶対に」，「いつも」，「絶えず」，そして「ずっと」である。

> 例：「私は今のキャリアに留まるべきか否か答えを出そうとしています。ふだんこういうことをしてしまうのは，軍隊を出てからで。この分野に留まるべきかどうか知りたいんです。転職を，何年も，何度も考えてきました。でも，絶対にしませんでした。いつも定年するまでここにいようと決断しました。でも今は，もう一度転職についてよく考えたいと思っています。いつもそのことを考えています」

カウンセラーは，クライエントのストーリーの意味を考えるとき，ストーリーをより詳細に話してもらうことで，ストーリーを精緻化して意味を明確化するようにクライエントを促す（Kashdam, Barrett, & McKnight, 2015）。同じ古い話を語るクライエントを援助して，カウンセラーは一般化と定型表現から移行させるために，ストーリーに特有の内容を述べてもらい，内容の意味や意味から喚起される感情について考察する。

「未だ話されていないストーリー」を語るとき，クライエントはナラティヴから重要な要素を隠すか，取り除くことが多い。

> 例：医学部の1年生の学生は，医学部の建物に入るのが憂うつであると話した。彼の両親が抱く彼の期待について尋ねると，自分が生活のために何をしていようと気にしないと答えた。幸せであることのみが両親の希望であると。2度目

のセッション中，カウンセラーがクライエントの状況について不思議に思っていたときに，クライエントが明らかにしたのは，母親から医者になるようにとてつもなく大きなプレッシャーをかけられたけれども，クライエントはそうしたくないと思っていた。

「ストーリーになっていない強い感情」では，クライエントのナラティヴに明らかな原因が判明しない強い感情が表現される。この感情には，文脈や個人的な意味が欠けている。

　例：「今，私は大学院のプログラムを出て，転機が始まるプロセスにいます。将来の職業や卒業後の生活をよく考えていません。現実の世界に出ていくのがとても怖いのです。新しい道を踏み出し，現に職業人となり，常勤の仕事に就くときなのです。やりたいことが何なのか明確にわかり，職業を得る機会を3度得ました。でも，学校を出るのが怖いので，それで，博士課程に進むことを考えています，それなら安全なキャンパスにいられるからです」

　意味のない強い感情の存在に興味を持っているカウンセラーは，通常，積極的傾聴や共感的反応をする（Carkhuff, 1969）。カウンセラーは，感情にエネルギーを供給する強い情動の意味を理解しようとする。

「転機のストーリー」は，クライエントが変化するプロセスにあるという意味のサインを表出する。そのナラティヴは，「ちょっと思い出した」または「重要かわからないけれど」のようなフレーズを含むだろう。

　例：「私はあと4週間で卒業します，そして，何がしたいかわかっていると思っていました。なのに突然，そうしたかったのかわからなくなります，これから先の私の人生すべてで。とても興味のある新しい分野を見つけたのですが，資格があるのか，もっと教育が必要なのかもわかりません」

「転機のストーリー」では，カウンセラーは，過去から現在，そして未来を一貫性のある一本の線を作ろうとして，問題の背景，つまり，主要なナラティヴの始まりに存在した状況に関わる他の要素について質問する。
「空虚なストーリー」では，クライエントは何の感情も伴わないで外界の出来事に焦点を当てたドラマチックなストーリーを話す。

例：「私の上司はセクシャル・ハラスメントをするので，新しい仕事を見つける
　　必要があります。自分が何をしたいのかわかりません。たぶん，この機会を使
　　って職を変えるべきなのです。これで新しいスタートを切れるけれど，私の興
　　味も増してゆく必要があります」

　ストーリーの中には強い感情がなく，クライエントが不安を感じたり緊張した
りするのを避けようとしているのかどうか，カウンセラーは判断しようとする。こ
のようなクライエントには，信頼できる安全な基盤や痛みに耐えるための環境を
作って，敏感に，ゆっくりと感情に近づくようにする。それから，歯を食いしば
ったり，椅子を握りしめたりするような，言葉にならない表現をして，それをク
ライエントに気づかせる。カウンセラーも言葉を注意深く選び，曖昧な感情表現
をより完全な形にしていく。
　空虚なストーリーを話す場合には，カウンセラーはストーリーに何かが欠けて
いて，暗示するものがあるようだと問いかける。しかし，カウンセラーは，クラ
イエントがより快適にそのストーリーに何かを付け加えるようになるまで待たな
ければならない。
　「競い合うプロット」では，クライエントは感情あるいは目標が互いに競合して
いて，そのことに惑わされている。例えば，両親の目標と自分の目標が競合して
いたりする。

例：「私は自分にとっての次のステップが何なのか明確なイメージを探していま
　　す。そのイメージは，焦点が定まっていません。なぜなら，家族のものと混ざ
　　っているからです。自分が何をしたいかわかっていると思いますが，それは家
　　族にとって正しい選択ではないかもしれないのです。家族にとっては悪い影響
　　を与えるものになるでしょう。自分のキャリアに焦点を当てるなら，イメージ
　　がはっきりします。一方で，家族に焦点を当てるなら，イメージははっきりし
　　ていますが，私のとは異なります。自分のキャリアと家族の両方に同時に焦点
　　を当てようとすると，ぼんやりとしてしまうのです」

　意味の説明がうまくなり，感情の気づきが多くなればなるほど，クライエントは
苦しまなくなるようである。明確な意味とはっきりわかる感情があれば，カウン
セラーはクライエントにどう関わればよいかを教えてくれる。転機のナラティヴ
は，その形式に関係なく，問題解決と目標設定を推進するため，カウンセラーは

最終的に，共感的な応答を用いて，クライエントに現在の感情を探求させて，同時に，このような感情が生じる満たされていないニーズや口に出して言っていない意味について話し合う。より多くの感情を呼び起こすことで，対処行動が改善される。なぜなら，1つよりも2つの感情の方がよりよいからである（Kashdan, Barrett, & McKnight, 2015）。状況に合わせてラベルづけされた感情は，統制しやすい。感情は個人の努力を促すか，無関係なものになるかのどちらかである。

　カウンセラーは，転機のナラティヴに出てくる感情的な用語について考察することによって，クライエントのその状況に関した感情を見立てる。以下の質問がこの見立てに役立つ。

・クライエントが話した感情を表す言葉の数はいくつか。
・クライエントが話したさまざまな感情を表す言葉の数はいくつか。
・感情を表す言葉はどれくらい特定の意味があるか。
・クライエントは，肯定的，もしくは否定的な感情を表す言葉の両方を用いて，複雑さに気づいているか？
・クライエントは，自分の感情に気がついているか。
・クライエントはこれらの強い感情を用いて不愉快な経験を表現しているだけか，あるいは願望を行動に移そうとしているか。

　このような質問に素早く答えを出すことで，カウンセラーはクライエントの転機のナラティヴに十分に応答する準備ができる。

カウンセリング目標の共構成

　クライエントの現在の懸念，背景のストーリーを聴いた後，クライエントがカウンセリングに何を求めているかを考える。クライエントが何をして欲しくて，何をして欲しくないかを探求しながら，カウンセラーはクライエントの経験を特別なものとして認めていく。カウンセリングをどう進めるかについてのクライエントの想定を認めて受け入れる必要がある。専門家としてのカウンセラーにゆだねるのではなく，何か誤解が生じたときには，クライエントはカウンセラーに話さなければならないと強調する。「**あなたのカウンセラーとして，私ができる一番ひどいことは何でしょうか**」と質問するカウンセラーもいる。同様に，クライエントは自身の経験の専門家であって，カウンセラーはただそれに近づこうとしてい

るだけなのだと説明する。

　今や，カウンセラーは，カウンセリングの共有された目標を共構成する準備ができている。アブラハム・リンカーンがかつて言った，「目標がうまく設定されていれば，半分は成功したようなものだ」と。カウンセラーは，クライエントの自己の気づきを増やし，クライエントがしようとしていることを促進する方向で，クライエントが明言した目標を明確にする作業をする。この話し合い中，カウンセラーは，クライエントが追加の目標や話されていない心配事を発言する兆候に注意を払い続ける。クライエントとカウンセラーは，ともに問題を要約して，明確にカウンセリングの目標を宣言する。カウンセラーは，紙に目標を書き留めることを必ずすること。最終的に，カウンセリングを終結する際にその目標について再び話し合うからだ。

　目標を設定する際に，カウンセラーは，カウンセリングの結果は成功すると信じる必要がある。例えば，私はライフデザイン・カウンセラーとして，履歴書を書くのを手伝って欲しいというクライエントに会ったことがある。カウンセリングに踏み込む前であれば，私は彼を職業紹介の専門家に紹介する。しかし，セッションの最後や次のセッションの前にカウンセラーがそのように言うと，クライエントは，カウンセラーが自分にカウンセリングをするのを嫌がったのだと思うだろう。

　目標に同意したら，カウンセラーは次に，協力関係を促すために，カウンセリングの限界や守秘について話しながらカウンセラーはクライエントが何を期待しているのか，カウンセラーに何を求めているかを特定する。このようにするために，カウンセラーは各セッションの課題と手順を手短に説明する。この説明は，プロセスを透明にすることによってプロセスの神秘性を取り除くために行われるものだ。インタビューをどのように開始するかについてより多く学ぶためには，キャリア構成のデザイニング・プロジェクト（Savickas, 2015b）や，最初のやりとりの大切さ（Stiles, Leiman, Shapiro, Hardy, Barkham, Detert & Llewelyn, 2006），あるいはクライエントの位置づけ（Madill, Sermpezis, & Barkham, 2005）についての論考を読むこと。

　その後，関係の確立，目標の設定，課題の説明を行い，作業同盟が形成したと感じられれば，カウンセラーは，キャリア構成インタビューを行う準備ができたことになる。

第3章

キャリア構成インタビュー

　キャリア構成インタビュー（CCI）は，構造化されたインタビューで，カウンセラーは，人生のテーマを明らかにし，現在の転機について意思決定の情報を与える5つのトピックについて質問する。トピックには以下がある。ロールモデル，雑誌・テレビ番組やウェブサイト，好きなストーリー，好きな名言・格言，幼い頃の思い出。カウンセラーは，関係性を構成して，目標を定め，カウンセリング・プロセスを話した後に，インタビューを始める。それから，カウンセラーは5つのCCIの質問をして，意味の創造，目的の宣言，意図の形成，行動の促進のための組み立て台を提供する。CCIは，クライエントの内省に焦点を当て，穏やかな，漸進的な，そして段階を踏んだ問いかけによって，過去の体験と現在の状況についてより深い話を聞いていく。クライエントが質問に答えるにつれて，カウンセラーは興味と好奇心を示すだけではなく，思慮に富んだフォローアップの質問をして，話の精緻化を促す。

CCI 質問1：ロールモデル

目標
　クライエントの自己構成と自己概念を記述するための形容詞を特定する。

理論的根拠
　ライフデザイン・カウンセラーは，ロールモデルについて質問する。その理由は，ロールモデルを選択することが，まさに最初の職業選択であるからだ。カウンセラーがたった一つの質問ができるとしたら，それはこの質問である。この質問への答えが，クライエントが自己構成の青写真として用いている性格や特性を表している。青年期後期では，このような特性あるいはアイデンティティの断片が集められて最初の職業アイデンティティになる。

質問

「少年／少女時代に誰を尊敬していましたか？　あなたのヒーロー／ヒロインは誰でしたか？　私が興味をもっているのは，あなたが3歳から6歳までの時期に，両親以外に，あなたの尊敬していた3人についてです。実際に知っている人でもよいし，個人的には知らない人でも，スーパーヒーローや漫画のキャラクター，本あるいはメディアの中のキャラクターのような空想の人物でもよいので，教えてくれませんか？」

　クライエントがロールモデルは誰なのかを言った後，3人に達しなかった場合，カウンセラーは「通常，3人のロールモデルについて伺っていますので，他に2人教えてください」と尋ねる。

　3人のロールモデルが誰かを入手した後，カウンセラーは順番に1人ずつの特徴を述べてもらう。クライエントがロールモデルが何をしたというだけしか説明できないならば，カウンセラーはその人格特性について尋ねる，「そのモデルがどんな人なのか知りたいのです。その人の性格や特徴をいくつか教えてください」

　カウンセラーは，思考や感情，価値観のような内面の心理状態に関する言葉を引き出すようにする必要があるが，クライエントの発言によっては身体的な特徴の形容詞ばかりを用いて説明することがある。こういう場合，モデルの心理的な性質を描くような形容詞を話すようにクライエントに要求する。各ロールモデルにつき最低でも4つの形容詞を必ず得るようにする。また，カウンセラーは繰り返される単語にも注意する。というのは反復によって中核となる特性を表示するからである。

　実施のヒント
・　3人のロールモデルを表す形容詞を集めたら，必要なものは揃っているだろう。しかし，もっと記述を集めたいのなら，以下の質問を使う。
　「あなたは〜のような人をどう思っていますか」
　「あなたは〜とどう違っていますか」
　「3人のロールモデルと共通していることは何ですか」
　「ロールモデルはそれぞれ，どう異なっていますか」
・　クライエントが母親または父親がロールモデルだったと答えた場合，カウンセラーは他の人について尋ねる。ロールモデルは，自律的に自己に同一化されたもの（identifications）として取り込まれるのに対して，両親は他律的な影響（influences）として取り込まれている。他の家族のメンバーである祖父

母，おば，おじやいとこは，ロールモデルと見なしてもよいだろう。

・3人のロールモデルについての質問が終わったら，クライエントが話したことに対して敬意を表しながら，両親についての質問に戻る。たいてい私は，愛着の研究から得た簡単な質問をする。「あなたの母親を表す3つの単語を教えてください」。それから，父親についての3つの言葉を尋ねる。時には，転機のナラティヴに暗示されている場合，私は両親についてさらに詳しく説明するように求める。

この質問をした後で，クライエントが幼児期早期から何のロールモデルも考えられなかったら，幼児期中期または思春期のロールモデルについて質問してもよいだろう。

CCI 質問 2 ：雑誌，テレビ，ウェブサイト

目標

クライエントの興味がある環境や活動の種類を特定する。

理論的根拠

興味とは，注意や関心，好奇心によって何かに非常に惹きつけられているときに経験する感情である。興味について，主に3つの方法でアセスメントをする。「ストロング興味検査」のようなもので検査をする，「SDS 自己興味テスト」で職業についての空想を表現する，あるいは行動や環境で実演されているもので明示する。個人カウンセリング時に好まれる方法は3番目の方法である。なぜならそれらの方法の予測妥当性が最も高いからである。もちろん，グループで行う職業ガイダンスでは，カウンセラーはグループのメンバーそれぞれにインタビューできないため，質問紙による興味検査を選ぶしかないが。

ライフデザイン・カウンセラーは，クライエントが，実際的な，あるいは代理的な役割で，日常生活環境での特性を知るために，明示された興味をアセスメントをする。興味の対象を知ることは，その人と環境の社会心理的関連性を知ることにつながる。ゆえに，ライフデザイン・カウンセラーは，クライエントの興味を惹きつける環境について質問する。このようにして，クライエントの職業的類似，適合および一致を調べるのがライフデザインの方法である。ライフデザイン・カウンセラーは，通常，興味検査用紙を用いないが，初心者のカウンセラーならば明示された興味をアセスメントする能力に自信ができるまで，興味検査質問紙

を用いて興味を測定するのもよい。なお，市販製品の興味検査を好むカウンセラーによるその検査結果は，ライフデザインのアセスメント結果と一致する。

質問

カウンセラーは，雑誌に関して質問して，明示された興味のアセスメントを開始する。「何の雑誌をいつも読んでいますか？」3冊の雑誌を聞き出した後，クライエントの興味を一つずつ質問していく。「その雑誌のテーマや内容を教えてください」というような質問をするだろう。フォローアップの質問をする場合，話す意欲が出るような言葉を使う。

「〜の何が魅力的ですか？」

「〜はどのようにおもしろいですか？」

「〜の何があなたに訴えてきますか」？

「〜よりもそれが好きな理由は〜？」

「その雑誌のどんなところが好きですか？」

もし，クライエントに何も好きな雑誌がない場合，またはカウンセラーが興味についてさらに情報が欲しい場合，テレビ番組について質問する。「いつも見ているテレビ番組はありますか？　見る予定のテレビ番組はありますか？」他の質問と同じようにカウンセラーは3つの例を尋ねる。雑誌のときに用いたように，話す意欲が出るような質問をしてテレビ番組について質問する。

雑誌も読まず，テレビも見ないクライエントも少しいるが，彼らに何も好きなことがないわけではない。この場合，好きなウェブサイトについて質問するとよい。「いつも見ているインターネット・ウェブサイトは何ですか？」再び，カウンセラーは3つのサイトを尋ね，1つずつ質問する。

質問のヒント

・雑誌，テレビ番組，ウェブサイトの好みを作り出す実際の興味を特定すること。

・なぜその活動に興味があるかをクライエントに自分の言葉で説明してもらう。カウンセラーが同じテレビ番組を見ている場合，何がクライエントの興味を引くのか理解できると思うだろうが，しかし，クライエントの説明を聴くことが絶対に必要である。なぜなら，その番組に対してカウンセラーが魅力を感じることと異なる可能性があるからである。

CCI 質問 3：大好きなストーリー

目標

クライエントが転機の結果を想定するために用いるストーリー，あるいは文化的な台本を理解する。

理論的根拠

映画や本のストーリーの好みには，転機を描写する際に必要となる戦略が映し出される。お気に入りのストーリーに隠れているのは，次のエピソードをはじめるための計画かもしれない。クライエントの好きなストーリーは，自らに対して人生を公開し，次に何をするかを明らかにする。カウンセラーは，クライエントの好きなストーリーの中に，クライエントの考えていることが可能であるか，または完成途中の計画であるか，についてぼんやりとした輪郭を見ることが多い。

演技者としての個々の人格特性は，人生を通して極めて安定しているけれども，台本は演技者が新しい職場環境に適応できるよう変わる。新しい職場という舞台は，新しい台本を必要とする。大概，人はキャリアの変更をするために新しいストーリーを用いるものである。キャリアの転機に適応する台本を作るため，新しいお気に入りのストーリーによって，実行可能なシェーマ（内的な枠組み）と戦略が提供される。新しいライフ・ステージにもまた，新しい台本が必要である。例えば，成人期になりたての若者のために有効な台本は，退職後にはそぐわない。あなたの人生を振り返ってみても，子どもの頃に大好きだったストーリーと成人期のそれとが異なることに気がつき，さらに人生の最盛期と退職後のストーリーは別物であることが判明するだろう。とはいえ，カウンセラーは，人生の異なる時期のそれぞれの台本が似ていることを発見している。なぜなら，台本にはすべてを包含する人生ストーリーに一貫性をもたせる包括的なテーマが出現するからである。カウンセラーは，幼少期のはじまりから何十年も大好きなストーリーを維持しているクライエントに，時々会うことがある。このようなクライエントは，基本的なストーリーは同じままであっても，たいてい新しい洞察を得ていて，その洞察で新しい職場環境やライフ・ステージの要求に合わせるように台本を改訂し適応させている。

職場環境やライフ・ステージの変化に加え，異なる人生の役割も，異なる台本が必要である。例えば，親密なパートナーの役割には，仕事の役割とは異なる台本

が必要だろう。それゆえ，個人は複数のアイデンティティ，つまり役割としての
セルフを演じる。ライフデザイン・カウンセリングは，仕事の役割とともに，あ
るいは別物として，再構成される関係役割に注目する。

質問

「今，本や映画で好きなストーリーは何ですか？　そのストーリーを教えてく
ださい」。多くのクライエントは本や映画のストーリーを選ぶ。しかし，ロック・
オペラのストーリー（例：『四重人格（Quadraphenia）』）や，漫画本（例：『バッ
トマン：ダークナイト・リターンズ』），聖書（例：『サムソンとデリラ』），グラフ
ィック小説（例：『ブランケット』），または幼児向けの本（例：『ちびっこきかん
しゃだいじょうぶ』）のストーリーを選ぶクライエントもいるだろう。

実施のヒント

- 質問するときには，「現在」または「今」を強調する。キャリア構成理論の観
  点では，新しい環境あるいはステージにおける適応性と柔軟性の源として台
  本を書く。クライエントが「いつも」好きな映画について尋ねるのは，現在
  のシェーマというよりも，包括的なテーマに近い。
- 彼ら自身の言葉でストーリーを語らせること。少なくとも4つか5つの文章
  を使うべきで，そうでなければ，ナラティヴに台本の鍵となる要素が出てこ
  ないかもしれない。
- ストーリーが転機のナラティヴに関連した直接の意味をなさない場合，2番
  目に好きなストーリーを尋ねる。後ほど，時間があれば，クライエントのマ
  クロ・ナラティヴにおけるこれら2つのストーリーの位置を理解することが
  できるだろう。

CCI質問4：好みの名言・格言

目標

クライエントが自分自身に与える忠告を学ぶ。

理論的根拠

ライフデザイン・カウンセリングの目標は，クライエントが自分自身の知恵に
耳を傾けて，自分自身の知恵を尊重するようになること。この目標は，「患者，そ

して患者のみが答えを持っている」（Winnicott, 1969）という原則に従う。大好きな名言・格言は，クライエントが自分に対して与えることができる最良のアドバイスである。そのアドバイスは，一般的に，転機のナラティヴに描かれた問題と直接に関係があり，クライエントとカウンセラー両方にとってすぐに意味が理解される。名言・格言は，自然療法（autotherapy）をもたらし，ストーリーが新しい章に進むためには，再三何をすべきかをクライエントに伝え，さらに完全になるためにしなければいけないことを繰り返しクライエント自身に言い聞かせる。カウンセラーは，この後のクライエントとのディスカッションで，このアドバイスを繰り返し伝えて強化する。

質問

「あなたの大好きな名言・格言は何ですか？」と聞く。しばらくして，クライエントが何も思いつかない場合は，促すような質問をいくつかして，カウンセラーは「ポスターや車のバンパーに貼るステッカーにある言葉で気に入ったものを見たことがありますか？」と尋ねる。そして必要であれば，「生きていくためのモットーはありますか？」と質問する。

実施のヒント

- クライエントが大好きな名言・格言を思いつかない場合，「今，作ってもらっていいでしょうか？」と聞く。例えば，小説家になりたい 14 歳の女の子が作ったのは「願いを叶える，チャンスをつかむ，そしてあなたの夢が叶うのを見守る」。
- クライエントが言った名言・格言の意味がすぐにわからない場合，その他を尋ねる。
- クライエントが自分の親が大好きな名言・格言を言う場合は，彼ら自身のものを求めるようにする。親が大好きなものは，子どもに対する親としてのアドバイスであり，自己に対する個々のメッセージではないからである。
- その人にタトゥーがあることに気づいたら，その意味を尋ねる。行動を導く象徴的な信条を表している可能性がある。

CCI 質問 5 ：幼い頃の思い出

目標

クライエントの転機のナラティヴに示されている問題を，クライエントがどの視点から見ているかを理解すること。

理論的根拠

クライエントが現在の問題や現在のキャリアについての心配事をどの視点から見ているかを知ることは，カウンセラーにとって有益である。その視点は，「捉われ」を含むか，あるいは「痛み」の表現を含んでおり，その意味を創造する「プロトコル」によって形成されている。

クライエントの視点を調査するため，ライフデザイン・カウンセラーは幼い頃の思い出について尋ねる（Mayman, 1960; Mosak, 1958）。クライエントの幼い頃の思い出を語ることは，非常に個人的な経験の再構成を描き，現在の自己を表している。カウンセラーにとってクライエントの幼い頃の思い出（Early Recollection；ER）は，クライエントの生きる世界を理解したり，クライエントが世界をどのように取り扱っているのか理解するのに役立つ。ER を聴くことで，カウンセラーはライフ・ストーリーのテーマにつながるクライエントのセルフや，他者に対する暗黙の捉われに耳を傾けることができる。舞台で演技するための同じメタファーを使い続けていても，ER は舞台裏で起こっていることを伝える。

質問

「幼い頃の思い出は何ですか？ 3歳から6歳までに起きたことについて3つのストーリーを聴かせてください」。クライエントがそれぞれの ER を話し終えたら，カウンセラーは以下のように尋ねる。「その思い出にそれぞれ感情を与えるとしたら，どの感情でしょうか？」全部の感情を書き出した後，2つ目の質問をする。「その思い出の最も鮮やかな部分を写真に撮ったとしたら，何が写っていますか？」これを繰り返し，3つの ER を集めたら，クライエントとともにそれぞれの ER に見出し（キャプション）を付ける。「それぞれの思い出に見出し（キャプション）を付けてあげましょう。新聞の見出しや映画のタイトルに使われるようなものです。よい見出しには，動詞があります」。それから，カウンセラーは最初の ER を読み上げ，クライエントが見出しを作成するのを待つ。その見出しが本

当にふさわしいとクライエントが納得するまで，クライエントとともに作業する。ERのタイトルを付けるのは単純な言語の作業ではなく，クライエントが彼らの経験に意味を見出す権威ある表現である。このプロセスにより，クライエントは自分の意味を著作し，それに情緒的な真実を感じる。

実施のヒント
- 特定の出来事についてのERであるべきだ。もし，クライエントが「**毎週日曜日におばあさんの家に行きました**」と言ったら，カウンセラーは祖母の家を訪れたある日についてのストーリーを尋ねる。
- それぞれのERについて，少なくとも4つの文章を得ること。
- それぞれの見出しには，感情を表す言葉とともに，動詞が含まれていること。

キャリア構成インタビューを終える

　CCIを終えた後，カウンセラーは他に言いたいことがないか尋ねて，最初のセッションの終わりを告げる。カウンセラーは，最初のセッションでは，ジャーナリストを演じて，クライエントのストーリーについて知ろうとしたことを説明して，次のセッションの予告をする。次のセッションまでに，小さなストーリーを集め，クライエントの意思決定や計画に使う大きなストーリーをカウンセラーが作ることを伝える。それから，カウンセラーは1週間後に予約を入れる。

CCI：キャリア構成インタビュー

（カウンセラー用記録用紙）

A．あなたがキャリアを構成していくうえで，私（カウンセラー）は，どのようにお役に立てますか？
［導入の質問］（p.18）

1．「少年／少女時代に誰に憧れ，尊敬していましたか？　その人のことについて話してください」［CCI 1］（p.26）

2．「何の雑誌をいつも読んでいますか？　いつも見ているテレビ番組はありますか？」
→「この雑誌（テレビ番組）はどのようにおもしろいですか？　テーマや内容を教えてください」［CCI 2］（p.28）

3．「今，本や映画で好きなストーリーは何ですか？　そのストーリーを教えてください」［CCI 3］（p.30）

4．「あなたの大好きな名言・格言は何ですか？」［CCI 4］（p.31）

5．幼い頃の思い出は何ですか？　３歳から６歳までに起きたことについて３
　つのストーリーを聴かせてください」［CCI 5］（p.33）

捉われ 幼いころの思い出	私が心配していることは：
セルフ 役割モデル	私は……のような人になる：
場 雑誌 TV 番組 ウェブサイト	私は，人々がこのような活動をしている場にいたい：
台本 大好きなストーリー 本あるいは映画から	好きな映画や本の筋書は： だから，このような場面で私は……したい
成功の公式 自分 舞台 脚本	私は……ならばもっともうまくやっているし， 　　幸せに思うだろう： できること ＿＿＿＿＿＿＿＿ 周りの人がしている場所 ＿＿＿＿＿＿＿＿＿ そうすれば，私が……できる ＿＿＿＿＿＿＿＿
自己への 　　アドバイス 格言・名言	成功公式に当てはめるために，自分に与える最高の忠告：

カウンセラー用ワークシート

幼いころの思い出　その1
見出し：

_____

その2
見出し：

_____

その3
見出し：

_____

第4章

ライフ・ポートレートの再構成

　次のセッションまでの間に，カウンセラーは小さなストーリーをつないで大きなストーリー，あるいはライフ・ポートレートを作成する。そうすることによって，より深い意味が明らかにされて，意思決定が促進される。

プロットとテーマ

目標

　クライエントの小さなストーリーを大きなストーリーにしてプロットを描くことで，クライエントの自己理解が深まり，視点に変化が生じ，転機の中で何が問題になっているかが明確に理解することができる。これにより意思決定が容易になり，行動を起すことが促進される。

理論的根拠

　カウンセラーは，ライフ・ポートレートを描くためのキャリア構成インタビューをして，小さなストーリーから構成されるコラージュを作成する。カウンセラーは，わかりきっていることを超えて，新鮮で比喩的な言葉を用いて，クライエントの小さなストーリーを再構成することで，クライエントの変容を促進する。このように再著述することは，転機のナラティヴに人生の活力を回復できる意味を注入する。クライエント自身が人生ストーリーに対し，演じるという視点で再度取り組むことによって，未来に一歩踏み出すときに，より完全に自分の人生を生きるという選択肢が開かれる。

　クライエントのストーリーを再構成する際に，カウンセラーは小さなストーリーを改訂せず，一つの構成に当てはめ，いくつかの小さなストーリーが一つの大きなストーリーになるようにする。小さなストーリーは実際の出来事を伝える一方，プロットはストーリーの筋を表す。端的に言えば，ライフデザイニングでは，プロットはカウンセラーが個々の出来事を，より大きなストーリーの中に，特定に配置をしたものである。さまざまなプロットあるいは出来事の配置によって同

じストーリーを語ることができる。カウンセラーは，現在の転機に役立つように，クライエントの経験を伝えるプロットをどのような方法で構成するか工夫する。

　クライエントは，真実は何か，あるいはストーリーが実際に意味するものが何かを知ってはいない。カウンセラーが行うプロット配置は，特に客観的でもなく，個別的で主観的でもない。そうではなくて，ライフデザインのプロットは，価値を際立たせて，小さなストーリーに新しい意味を付与する大きなストーリーを再構成するために役立つ。

　意味を生成し，価値を浮かび上がらせて体験の構造化を可能する方法は，たくさん存在するが，その中で，ライフデザイン・カウンセラーは，大きなストーリーを再構成する方法として包括的プロット構造を使う。クライエントのミクロ・ナラティヴを包括的なプロットに配置するため，ライフデザイン・カウンセラーは，CCIの質問の深みあるプロット構成に埋め込まれたパターンを認識するスキームを用いる。骨組みとなる質問は，クライエントのミクロ・ナラティヴをマクロ・ナラティヴにつなげるために順番に並べられている。骨組みとなる5つの質問は，自己に関するもの，自己を演じるためのステージ，次の場面への台本，開始のためのアドバイス，そして転機の基本的な視点について問うているのである。

　一般的なストーリーを用いて，順番にクライエントのミクロ・ナラティヴをマクロ・ナラティヴに構成することは，複雑なことではなく，わかりやすいことだろう。多少，練習が必要になるのは，プロットに流れている「テーマ」を認識することである。テーマとは，プロットを統合させる主要な考え方，あるいは問題である。ストーリー展開をざっと読んでテーマを抽出する中で，カウンセラーは選択可能な複数の事柄で，発展性があるテーマを選択する。ストーリーに流れるプロットを抽出する際に，カウンセラーが，選択可能な複数の事柄から選ぶのは，ストーリーの筋に最も整合性と一貫性を備えたものである。選ばれたテーマは，未来の行動を促すのと同様に，過去と現在についての新しい理解を含む十分に正確なものでなければならない。ライフデザイニングの包括的なプロット構成に従い，カウンセラーは選ばれたテーマの周辺に存在する小さなストーリーの最も重要な側面を凝縮する。そうすることで，カウンセラーは現在の転機のテーマで最も重要な意味を強調する。マクロ・ナラティヴを再構成する際に，カウンセラーは，クライエントのミクロ・ナラティヴで表現された信条，価値，そして目標について話し合うことで，テーマに繰り返し言及して強化をする。

　通常の順番で，テーマに従ってクライエントのストーリーを再度述べる目的は，

ストーリーを解釈することではなく，むしろ，より広い深い意味でストーリーを統合するためである。意味を深化させ，人生を肯定してストーリーを拡張する方法を提案するためである。特定のクライエントにとって適切で妥当であるために，何がそのクライエントにとって不可欠か，何を表現する必要があるのか，犠牲にしなければならないものは何か，そして，回復しなければならないバランスについて話し合うことが含まれる。

実施のヒント
- クライエントの最初に語った出来事が，カウンセラーの再話でも，かなりの程度，同じものであること。
- 簡潔であること。クライエントにとれば，はじめに語ったすべての情報が必ずしもすべて必要というわけではない。
- 短い言葉や現在形の動詞を用いてストーリーを生き生きとしたものにすること。
- 審判したり，分析したり，説明したりしないこと。骨組みとなる質問へのクライエントの応答で使われた語句を使って構成するのみである。

第1の課題：視点のフレーム

　幼い頃の思い出を使って，クライエントが転機に遭遇している問題とそれらの類似性を理解する援助をし，その意味を認める援助をして，軽視できない問題に注意を向けるよう援助をする。

　ライフ・ポートレートの最初の文章を完成させるところから始める。「**この転機に直面して，私の根底にある心配事によって思い出させるのは……**」。結果的にこの文は単独の文として独立するパラグラフの主題となる文章としての役目がある。

理論的根拠

　CCI の最後の質問は，幼い頃の思い出について尋ね，転機におけるクライエントの視点に関係する情報を探求する。それが，CCI の最後の質問になる理由は，最も個人的な質問だからである。ゆえに，クライエントがカウンセラーと信頼関係，ある意味でクライエントが感じるカウンセラーへの愛着を築いた後で，その質問をすること。この質問は，通常，とても意義深いので，ポートレートの構成は ER で用いられた視点から始める。

カウンセラーは，意味づけの第1段階で，幼い頃の思い出に用いられた視点（特に最初のもの）が，転機のナラティヴで提示された問題を見る視点としてどのように使われたかを考える。ERの視点から問題を見ることによって，前進する道にどのような光を投じるのか。ERと転機のナラティヴとの間に，もしよく似た特性を共有しているならば，カウンセラーはその類似の指摘さえする。

　2番目の深い意味づけの段階では，カウンセラーのその視点は，捉われ（preoccupation）と同じものであり，それが職業（occupation）に変化する可能性を考察する。捉われは現在の問題に対する視点というよりは，多様な経験を解釈するための認知スキームとして使われる。この段階で，ERによって重要で中核となる役割や満たされていないニーズが明らかにされることが多々ある。

　3番目の最も深い意味づけ段階では，カウンセラーは，深い痛みによって捉われが固定されていないかを考察する。痛みは，情動ではない。痛みは，トラウマや傷へのシステム全体の反応である。痛みは，疎外されていること，またはとても大切な何かを失うことから生じる。比喩的には，傷は何か新なものが産出される子宮といえる。13世紀のペルシア人の詩人Rumiが「傷口こそ，光があなたの中に入ってくるところである」と書いたように。その光が照らすのは，新しい代替ストーリー，つまり前に進む道であり，そこには痛みによって意味が示唆されている。カウンセラーは，痛みを追いかけて子宮に入り，満たされていないニーズを特定し，何が形成されつつあるのかを発見する。クライエントがニーズとそれを満たす方法についての自己認識を高める間は，カウンセラーはクライエントに共感して支え続ける。多くのクライエントは何が必要なのかを感じていて，自己認識が高まるにつれて涙を流すこともある。

　初心者のカウンセラーの中には，クライエントが傷の中に下っていくとき，痛みとともにその場にいるのを居心地悪く思うこともあるだろう。その場合，ERの質問を飛ばしてもよい。このようなカウンセラーは，痛みに直接触れることなくロールモデルに描かれた解決策を使ってカウンセリングができる。しかし，カウンセラーがクライエントの痛みを受け入れることに不安がなければ，転機の経験が愛着の断裂をよみがえらせるのか，あるいは世界を中心軸から分離させるのかどうかを考察することができる。この最も深いレベルでカウンセリングをすると，カウンセラーは実際にセラピーや癒しを行っていることになる。最も深いレベルで，痛みによって，現在の問題を過去の出来事に関連させて新しい視点に置き換えて見ることができる，が，結果的には，前の位置である第1レベルの意味づけ

（幼いころの視点）に戻って対処することになる。

アセスメント

ERの内容は過去から来ているけれども，ストーリーは現在についてのことである。ストーリーは，現在の現実味ある展望と未来への戦略で形成される。記憶は能動的に選択されるものである。クライエントは呈示している問題と関係するいくつかの幼い頃の思い出を直感的に選択する。例えば，仕事での困難を抱えるクライエントについて考えてみよう。彼女は3歳のときにベビーシッターに家の外に締め出されて鍵をかけられ（lock out）家に入れなかったというERを話す。カウンセラーは，クライエントが職場での好機から締め出されている（lock out）と感じているときに，その人が現在どのように感じているかを理解する必要がある。もしくはおむつを替えてほしくなかったのにおむつを替えられた（change）というERを話すクライエントのことを考える。カウンセラーは今クライエントのキャリアに起きた希望と異なる変更（change）について思いを巡らせる。これら2つの例には，中心的な意味を表す動詞に注意する。ライフ・ポートレートに見られるこのような動詞の意味を拡大する必要がある。

ライフデザイン・カウンセラーは，ERは実際には現在の体験であることにつけ加え，クライエントが聴いてもらいたいストーリーを話していることを知る。可能性のある全てのストーリーの中から，クライエントは現在の目標を支える行動のきっかけとなるストーリーを選択する。覚えているというよりも，以前に起きた出来事が現在の選択を支持し，過去の出来事に再び触れて未来への基盤作りをするのである。カウンセラーの仕事は，クライエントを促してそれぞれのERにある自己から自己へのメッセージに耳を傾かせることである。

カウンセラーは，印象的で直感的なアプローチを用いてERの意味を理解してもよい。代わりに，多くの解釈システムの中から1つの解釈を用いるかもしれない。私が勧めるのは，Clark（2002）の説明する方法である。個人的には，直感とともに簡潔で論理的なフレームワークを組み合わせてERの意味を理解しようとしている。クライエントが他の人とストーリーの中でどのように関係するかについての一般的な印象から始める。それから，最初に使った動詞について考え，その意味を拡大する。なぜなら，それが社会の中でその人が最も頻繁にする動作を示しているからだ。感情を表す語は，よく感じる情動であろうし，特に転機では強く感じる感情である。見出しによって，通常，記憶の主要な意味を明らかにし，

第4章　ライフ・ポートレートの再構成　　**43**

テーマが示唆される。最後に，私はERと転機のナラティヴに表わされた問題を比較する。そうすることによって，ERの問題を積極的に克服することが転機の目標になる可能性について考える。例えば，閉め出された人の場合，中に入る方法を見つけるか，他の場所へ移動しなければならない。変化を強制された人の場合，人生の連続性を維持する方法を見つけなければならない。

　例：35歳の女性で，以降W.W.と呼ぶが，キャリア・カウンセリングを受けたのは，彼女の息子が小学校に入学したとき，キャリアの選択について考えるためであった。彼女のERは以下である。

　　私が3歳か4歳の頃と記憶しています，柵で取り囲まれている病院のベッドにいました。上にも柵がありました。照明が弱く，部屋は暗かった。お母さんが病院に来て，私の傍に座ってくれるのを待っていました。お母さんが来なかったので，私は怒っていました。時間がゆっくりと過ぎていきました。待っている間セブンアップかスプライトをもらったのを覚えています。最終的にお母さんは現れて，私にグースをくれました。それはマザー・グースでした。

対人志向：つながりを求める。
最初の動詞：待っている（求める，希望する，夢見る）。
感情：ひとり，怒って，隔離されて。
見出し：ママはどこ？
視点：他の人から引き離されていて孤独を感じている。他の人とつながりたい。
受動的から能動的へ：一人でいる人や看護が必要な人を援助する。
W.W.のライフ・ポートレートの最初の文章：この転機に直面し，私の根底の心
　配事は，一人になってしまうことを怖れ，見捨てられることが怖いということ
　だと思い出した。

ストーリーの並び方の分析

　幼い頃の思い出を3つ尋ねるのはよい方法である。その理由は，人はいくつかのストーリーの中での捉われを探求するからである。私は，Arnold（1962）が考案したストーリーの並び方分析の法則を適用してERからERへのクライエントの考えをたどる。最初の幼い頃の思い出は，クライエントが最も懸念を抱いている問題を公表する。ERは，通常，どのようにクライエントが困り，苦しんでいるかを示す。クライエントは，このストーリーに閉じ込められている，というのはこれが自己の境界を感じる経験であるからだ。Buhler（1935, p.58）が「境界の経

験」と呼んでいるのは，自己の境を感じそれを超える動きができないという感覚である。第2のERは，多くの場合，それを精緻化して経験を強めたものである。改善する前に，事態は悪化する。第3のERは，潜在的な解決策やその解決を表すことが多い。カウンセラーは，第3のERで，クライエントが受け身の苦痛を能動的に解決に変化させたかどうか調べる。変容するERは，痛みを吸収するので，クライエントは痛みに押し動かされることなく，可能性へと引きつけられる。

　以下の例を見てみよう。あるクライエントは，最初のERを「新しい家に引っ越したのを覚えています」と報告した。私は，最初の動詞を拡大して，彼の人生における頻繁な活動を表していると思った。私は，直感的に想像した，彼は動き続け，動くことを楽しみ，動いていることを好み，移動する人，影響を与える人，動かされた人，熱意をもち，動かないことを嫌うと。彼が述べた「動き」は，新しい家に引っ越すということもわかった。ゆえに，新しい状況に動いたというのは，テーマの重要な要素であり，おそらく，肯定的でもあり，否定的でもある要素であろう。2番目のERで，彼は動くことに適応する難しさを思い起こした。「ある日，私は自転車に乗って出せる限りの力でペダルを踏んで坂道を登った，**坂の下にあるトラブルの沼地にのみ込まれるのを逃れようとした**」。これら2つのERは，新しい仕事に移動し，できる限り一生懸命働いているが，自己のキャリアを確立を阻止するトラブルが発生するという問題が再び提示されたた（re-present）。自分でコントロールできない力によって，引きずり降ろされると感じた。私は，彼が考える次のライフ・ポートレートを書いた。「**この転機に直面して，何か私が新しいことを試みると，私の根底に存在する心配事によって，トラブルの沼地にのみ込まれるのを恐れていることが思い出される**」

　彼の3番目のERは解決策の可能性を指摘した。幼い頃の思い出は，彼は4歳で，母親が数枚の誕生日カードを買ってくれたときのことである。母親がそれを読んでくれているのを聞いていて，彼は，紙にスピーチを書き留めて，それが理解できることにとても驚いた。彼が言うには，「驚きの気持ちでいっぱいになったと思う」。おそらく，紙に記された言葉は，下に引きずり降ろされるという問題を解決するだろう。同じ職種で8回以上の職場の異動を経て，55歳のとき，転職についての相談に来たのである。彼は経済的に安定していて，政治家として立候補するような何か新しい方向を追究することを求めた。まもなく，何か新しいことというのは，作家になるか，人をやる気にさせる動機づけの研修講師になるということが明らかになった。彼の得意分野は，泥沼にのみ込まれずに新しい状況に

第4章　ライフ・ポートレートの再構成

適応する方法を人に教えることであろう。

　最初に，クライエントの３つの見出しをつなげて，より大きなストーリーを作れるか判断する。１番目から３番目まで順番に並べるのが通常であるが，３番目から１番目へという順になることもある。１番目の ER から見出しを書いて，それを表現する視点と感情を含む文章を一文か二文書く。ER で最も重要な動詞，通常は最初の動詞を増幅すること。それから，２番目の見出しを書いて最初の ER をいかに練り上げたかを説明する。最後に，３番目の見出しを書いて，いくつかの文章でこれらがどのようにして問題の解決を示唆するかを書く。次に，ER から ER へのクライエントの考えに従う例を示す。

　最初の見出しを読むと，「同じ古いストーリーに飽きた少女」。あなたは，繰り返される作業と経験に飽きて不満がある。しかし，２番目の見出しでは「変化を恐れる少女」と説明している。あなたは，腹立たしいほどつまらないにもかかわらず安全な仕事から変わるのを恐れている。３番目の見出しは「新しい視点を手に入れる少女」と言っている。やり方を変えるには，物事を見る視点を変えなくてはならないと説明する。新しい視点から見ることは，好奇心をそそられ，やりがいがあって，ドラマチックで，引きつけられる。

　ストーリーの並び分析をクライエントに読み聞かせるとき，カウンセラーはクライエントにそれぞれの見出しとその説明について順番に振り返りコメントしてもらう。それから，３番目の見出しをこれからの進展を追跡する手段として振り返りコメントをしてもらう。

実施のヒント
・自己内省を促進し，クライエントをエンパワーすること。そのために，洞察する言葉，例えば，考える（think），実感する（realize），信じる（believe），同様に，普通に使う言葉，例えば，なぜなら（because），効果（effect），理由（reason）を使う。
・話し合いによって喚起された感情を処理するため休憩すること。
・何か新しいものを生み出すときには，人を動かさずにはおかないメタファーを用いること。メタファーは，クライエントを助け，既知のものから未知のものへと移動させることができる。ER はメタファーの豊かな資源を提供し，クライエントから生み出されるので，特に意義が深い。例えば，クライエントが ER で階段を後ろ向きに下りて行くか話したとすれば，どのような仕方

で階段を後ろ向きに下りていくかを説明してもらうことによって新たな視点が与えられる。それから，私たちはメタファー使って，新しい転機が生じる前に新しい視点を得るためには，どのようにキャリアの階段を下りていく必要があるかを話し合えばよい。

第2の課題：自己を説明する

ここで，カウンセラーはクライエントらが創造してきた意味を通じて，クライエントの自己概念を垣間見ようとする。後に，カウンセラーは形容詞を使って現在の問題と未来の計画に関連づける。

ライフ・ポートレートの2番目の文章を完成させる：私は_____そして_____である。

理論的根拠

ロールモデルは，想像上の資源であり，アイデンティティを形成するために用いられる。ロールモデルの選択は，自己構成についての決断，個人が成長するために必要があると思う人格特性を表している。クライエントが説明するロールモデルの特徴は，クライエント自身の中核となる自己概念を明らかにする。ロールモデルを説明するのに使われる形容詞は，クライエントにも同等に適用される。青年期の期間中に，個人は，模倣した特性を一貫したアイデンティティとして統合させる。カウンセラーは，これらの特性を描く一般的な言葉でクライエントの特性をスケッチすることで，ロールモデルと同じ特性にクライエント自身を融合させる。

アセスメント

カウンセラーは，人格の特性の輪郭を描く中で，最初に述べられたのか，繰り返しがあったのか，複雑であったのかに基づいて中核となる自己概念を特定する。これには，クライエントが最初のロールモデルを説明するために用いた最初の形容詞に焦点を当てるところから始める。最初というのは，たいてい，重要度を示す。最初の幼い頃の思い出で用いた最初の動詞と同様に，ロールモデルの説明での最初の形容詞も中核となる性格を特定する。

最初かどうかに加えて，頻度も重要度を示す。心理用語（psycho-lexical）仮説に従い，繰り返される語や表現を吟味する。なぜなら，よく使われる語は自己の

特徴を顕著に表すからである。また，繰り返される語は，より広い範囲の状況に対する一貫した態度に適用される安定した特性を表す（Leising, Scharloth, Lohse, & Wood, 2014）。

　繰り返される語に加えて，ユニークな特性を表現するのに使われた語の回数も数える。自己概念の複雑さを表しているからである。

　最後に，2つの語が相反する特徴を示すかどうか，明らかな矛盾が一貫するように統合されているかどうかを評価する。通常，共生することが難しい対立する2つの形容詞に焦点を当てることは，クライエントの深い理解につながる。例えば，クライエントが自己を説明するために，「強い」と「優しい」という両方の語を使うかもしれない。これらの形容詞は，たいていは対立するが，おそらく弱くていじめられている子をいじめから守ろうとクライエントは両方を合体させてきたのである。クライエントがどのように相反する特性を統合してきたかを知ることは，クライエントが構成した自己のユニークな特徴を浮かび上がらせる。

　一連の自己に関連する記述を集めたら，カウンセラーは，簡潔で鋭く描かれたクライエントの特色の記述を形成したことになる。例えば，母親が病院に来るのを待っていた W. W. を思い出してほしい，彼女の子どもの頃の最初のロールモデルはワンダー・ウーマンだった。彼女がワンダー・ウーマンを説明した言葉は，暗に彼女自身であるのだが，「頼りになって強いけれど，暴力的ではなくて，それでいていつも窮地を助けてくれる」というものであった。2番目のロールモデルとして説明したのは，テレビドラマの伝説の女性戦士ジーニアで，強くて，恐れない，無実の人を守り，他人のために耐えて，信じるもののために戦った。3番目のロールモデルはファンタジー小説『ルータ王国の危機』の主人公バーニーで，楽天的で，思いやりがあり，いつも他人を助けると説明した。

　W. W. のライフ・ポートレートの2番目の文章：「私は強く，思いやりがあり，頼りになります。絶えず無実の人を守りますが，暴力的な方法は使いません」

　W. W. が「絶えず」という意味を強める語を使ったことに注意したい。やがて，カウンセラーは，他人を絶えず助けなくてはならないと信じていることによる潜在的なストレスについて話し合うだろう。

実施のヒント

- 「よい」，「すごい」，そして「すばらしい」のように単なる評価的な言葉は無視すること。
- より抽象的な語は，概念階層の中で，より影響力のある語の特徴に言及する。つまり，クライエントがいくつか似た語を使い，ロールモデルを説明するときには，最も繰り返される語，あるいは態度を表す抽象度が一番高い語を選択する。例えば，慈悲深い，思慮深い，礼儀正しい，思いやりのあるという似た意味のグループでは，抽象度を上げ「親切な（kind）」を選択する。
- もしロールモデルを説明する際に情動が喚起されるならば，ロールモデルは，意味と感情において何の象徴になっているかを探求する。
- 両親やロールモデルの内在化されたものは，精神の中で違う役割を演じる。人は，ロールモデルとして両親を選択しない。クライエントは親の影響を受けるが，ロールモデルとして同一化することはない。
- 集団主義の文化では，ロールモデルとの同一化よりも，親のガイドラインへの影響がキャリア構成により強い役割があることがある。

第3の課題：ER とロールモデルの特性をリンクさせる

ER で表明された視点と捉われをたどって，ロールモデルの特性に現れた解決策へ到達する。

ライフ・ポートレートの3番目の文章を完成させ，クライエントの特徴を描く。たいていは，それが完全なパラグラフの主題文となる：成長の問題を解決するために，私は＿＿＿＿＿＿＿を＿＿＿＿＿＿＿に変化させた。

理論的根拠

ロールモデルの中に問題の解決策を発見すると，クライエントは変化する。ライフ・ポートレートで描くのは，クライエントが ER で述べた問題を解決するために，ロールモデルを模倣した特徴である。したがって，ミクロ・ナラティヴを描くのに加えて，カウンセラーは「性格を描く」。ゆえに，カウンセラーはマクロ・ナラティヴのプロットを描くことに付け加えて，クライエントのキャラクター・アーク（どの場面にも登場する登場人物の性格）を作成する。このアークはクライエントの変遷が記述された内的な旅の足跡である。カウンセラーが強調して伝えるのは，クライエントが思春期や青年前期にどのようにしてロールモデルと同

第4章　ライフ・ポートレートの再構成

一化して自己のアイデンティティを得たことが，将来どのような人物になるかに
影響あるだけでなくて，現在どのような人物であるかを構成していることである。

アセスメント

　ライフデザイニングのプロットが連続する構成になっているので，キャラクタ
ー・アークが明らかにされる。カウンセラーは，ER で明らかになったクライエン
トの視点と捉われについて話して，次に，どのようにクライエントが模倣するロ
ールモデルを選択したかを明らかにする。ほとんど全てのクライエントにとって
は，ロールモデルによって幼い頃の問題や継続する捉われに対する解決策が提示
される。したがって，ライフデザイン・カウンセラーは，クライエントのロール
モデルが ER で述べた問題をどのように解決するかをよく理解し，ライフ・ポー
トレートでそれを伝える必要がある。例えば，W. W. は，病院で母親が来るのを
待っているときに一人で孤独な気持ちなっているのを思い起こした際に，彼女の
ロールモデルは，ワンダー・ウーマンであり，いつもその場にいて，人々を助け，
救うということを，私たちは知った。

> W. W. のライフ・ポートレートの3番目の文章：私は成長期の問題を解決するた
> め，見捨てられたという感情を，いつでも世界で孤独を感じている人々を助け
> られるという感情に変化させることができた。

　援助の仕事に従事している他の成人女性の例を考えてみよう。「私はおじの家の
プールに落ちてしまったことを覚えています。泳ぎ方がわからなくて，底にゆっ
くりと落ちていき，ただ上を見上げて誰かの腕が私を引き上げようとするのを見
ていました。怖くて無力でした」。彼女の最初のロールモデルは『オズの魔法使
い』のドロシーだった。自立していて，他者の人生に欠けていたものを手に入れ，
人助けができた。勇気があり，悪い魔女と戦い，未知の土地を旅する勇気があっ
た。ドロシーを模範にしたのは，恐怖でなく勇気があり，無力ではなく自立があ
ったからであった。そしてもちろん，他者の人生に欠けたものを成就させる援助
は彼女の職業にうまく合っている。

　クライエントによっては，カウンセラーがつながりに注目する以前に結びつき
を発見する。例えば，ある女性は『少女探偵ナンシー・ドリュー』という児童小説
のヒロインを説明する中で，「私はいつも彼女の勇敢さに感動していました。自分
は勇敢な子どもではなかったからです。一人で懐中電灯を持って階段を下りて暗

闇を進むことに感動したものでした。今でも彼女ほど勇敢ではありませんが，そうしようとしています」

実施のヒント

・ロールモデルの特性に似せてまねることで，ER では過去の恐れに対して受動的であったのを能動的に自分で制御できるように変化させてクライエントにキャラクター・アークを示す。受動的から能動的に行動するという概念を強化し，転機にどのように橋を架ければ，自己のキャラクター・アークを拡張し太くできるかを予見させる。

・カウンセラーがこのようなつながりを見出すことが困難である場合は，何も書いていない紙の左側にクライエントの最初の ER を書いて，右側にロールモデルの特性を描く。それから，間に線を引いて，受動的から能動的に変わるプロセスを表現する。線の上には，その線を説明するライフ・ポートレートの文を書く。例えば，ER の中でクライエントが恐怖を感じた一方で，ロールモデルの中に示された勇敢さを称賛した。線には，「あなたは，恐れを抱く幼い少年として話し始めましたが，この世界で生き抜くため，勇敢さを目標として達成します。勇敢なヒーローを選択し，まねするのを見てみましょう。あなたの恐れを勇気に変えてきたのです」

・可能であれば，クライエントの ER とロールモデルの記述両方に表れる並列した言葉を使用する。例えば，ER の見出しを「変化を恐れる少女」としたクライエントがいた。彼女は，ロールモデルの記述から 2 つのフレーズを強調し，「恐怖に立ち向かえる」と 1 つ目のモデルを記述した。2 つ目のモデルは「彼女の欲しかったものを追い求めた」。私がクライエントに伝えたのは，「あなたは変化を恐れていますが，恐怖に立ち向かうのを恐れない自己を形成してきて，あなたの欲しかったものを追いかけていますね」

・受動的から能動的に変容するのを進展させ，転機のナラティヴに変える。人格の強みによってどのように転機を乗り越え，可能であれば，それをどのように次の職業で使えるかをクライエントに質問する。

・動機づけの心理学には，3 つの重要な構成概念がある。「ニーズ」，「価値」，「興味」である（Savickas, 2014）。ER はニーズや欠けているものを描く。ロールモデルは価値やニーズを満たすために何を求めるかを明らかにする。したがって，価値のある目標は，適応性に欠けるという気持ちを克服するよう

第4章　ライフ・ポートレートの再構成　51

なニーズを満たすように達成することである。3番目の構成要素は「興味」
であり，ニーズと価値をつなげるものである。

第4の課題：興味に名前を付ける

クライエントの興味に合う種類の職業や学業上の専攻に名前を付け，ロールモ
デルから採用された特性をいかに実行するか説明する。
以下のライフ・ポートレートの文を完成させる。

私は教育上，職業上の仕事の中でロールモデルから学んだ特性を使うことがで
きます。私が興味を持つのは，
＿＿＿＿＿＿な人々が周りにいることで，
＿＿＿＿＿＿のような場所にいるとき，
＿＿＿＿＿＿にかかわる問題を解決し，
＿＿＿＿＿＿のような手順を用います。
特に，私は＿＿＿＿＿，＿＿＿＿＿，＿＿＿＿＿そして＿＿＿＿＿に
興味を持っています。

理論的根拠

ライフデザイン・カウンセラーは，クライエントの大好きな雑誌，テレビ番組
やウェブサイトに表れる教育上および職業的興味が何かを見立てる。クライエン
トにとってメディア上のロールモデルが経験する環境についての記述はクライエ
ントの好ましい仕事環境や魅力的な職業を表す。

アセスメント

クライエントにとって適合する地位・場所（nichés）を特定するのを促すため
に，カウンセラーは4つの側面に沿ってクライエントが興味を持つ環境を分析す
る。クライエントが働きたいと願う場所，かかわり合いを持ちたいと望む種類の
人々，取り組むほうを好む問題，好んで用いる手順をカウンセラーは知りたいと
思う。4つの側面をアセスメントし，明示された興味を要約するのを試みる。お
そらく，本書の著書には次の一文が適合するだろう。「私は利他的で元気づけをす
る人々といっしょにいるのが好きで，そして，そのような人は学校や事業所でカ
ウンセリングや忠告を与える手順を用いて，キャリアの問題を解決する援助をし

ている」

　W. W. が報告したのは，４つのショーを楽しむことであった。彼女が TV ドラ
マ『グレイズ・アナトミー』が好きなのは，ともに問題を解決し，困難を克服し，
他の人々を助ける人々についてのストーリーだからである。キャラクターの成長
に深みがある。それぞれが問題にもがき苦しむが，大なり小なり問題をうまく解
決する。彼女は「不適応者の集まりである人物が登場するコミュニティ」が好き
だ，と説明した。病院から見放された登場人物の「ハウス」も好きで，「ヴェロニ
カ・マーズ」は学校で仲間はずれの人である。彼女の明示された興味は以下の文
章を暗示する。

　W.W. のライフ・ポートレートの４番目の文章：私は学校教育や会社で学んだロ
　ールモデルの特性を使うことができる。私は学校や病院のような場所で，カウ
　ンセリングや薬を用いて社会から見放された人の問題を解決し，困難を克服す
　る手助けをするためにチームで働く人に興味があります。特に，心理士，ソー
　シャルワーカー，カウンセラーになることに興味があります。

　明示された興味のアセスメントをする際，カウンセラーは Hollad（1997）の
職業的パーソナリティと仕事環境の類型論を適用する。Hollad の RIASEC モデル
は，人々と職業を類型化するために特徴のある用語を提供する知識体系である。
RIASEC の用語によりカウンセラーはより効率的かつ効果的に個人と仕事環境に
ついて考えることができる。６つの職業パーソナリティと仕事環境の原型は，仕
事環境と人の特性の分別に非常に役立つ。基本型は短い記述であるので，以下に
示そう。

　R＝現実的なタイプ：有言実行の人で，外で働くか機械を使って働くことに興
　　味を示す。
　I＝研究的タイプ：考える人で，科学や科学技術に興味を示す。
　A＝芸術的なタイプ：創造する人で，芸術や音楽，執筆に興味を示す。
　S＝社会的なタイプ：援助者で，教えることとコミュニケーションをとること
　　に興味を示す。
　E＝企業的なタイプ：リーダーであり，経営と説得に興味を示す。
　C＝慣習的なタイプ：チームの構成員であり，ビジネスと管理に興味を示す。

第4章 ライフ・ポートレートの再構成

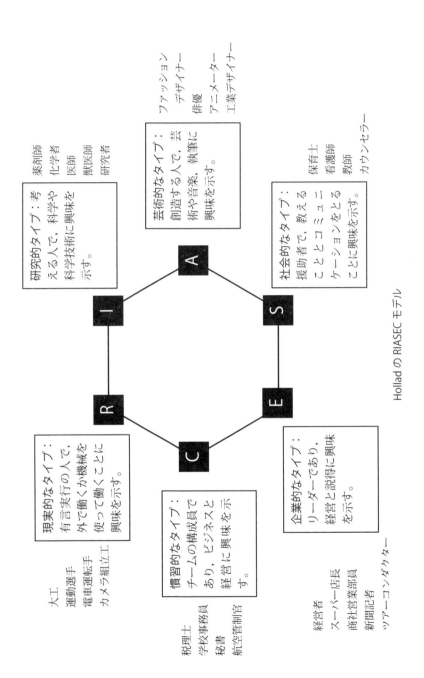

HollandのRIASECモデル

カウンセラーは，クライエントが大好きな雑誌やテレビ番組，ウェブサイトの魅力を説明するために使用した言葉を調べて，タイプを割り当てる。明示された興味のうち，明らかに1つか2つはRIASECの原型と相似するだろう。例えば，W. W.の最も相似するのは，問題解決する研究的なタイプであり，人を助ける社会的なタイプである。クライエントのユニークな魅力は，注目対象に対するカウンセラーの一般的な理解とは違うかもしれない。それでもやはり，下に図示する雑誌やテレビ番組，ウェブサイトにRIASECのタイプを当てはめる例を示すので確かめてもらいたい。

職業的専門性に対する興味

明示された興味は，同様に，ある職業の中での専門分野に関する興味を特定するためにも使われる。以下に，研修中のカウンセラーの実例を5つ示す。各学生は社会的タイプとして相似しているが，専門性への興味においては異なっていることに注意してもらいたい。興味を明らかにする雑誌や番組のタイトルではなく，雑誌や番組について，学生はどこに興味があるのかを見つけることである。

セックス・セラピスト志望の学生：「『コスモポリタン』という雑誌が好きで，それはセックスに関する赤裸々な話が載っているからです」

問題のある10代の少女を対象にするスクールカウンセラー志望の学生：「『ティーン・マム』という雑誌が好きです。ぐちゃぐちゃに混乱した人生と人間関係を扱っています。悲しくてひどいものですが興味があります。彼女たちと話して，これまでの生活での健康を害する行為と不良少年たちとの関係性を全て知って彼女たちを助けることができればといつも思います」

キャリア・カウンセラー志望の学生：「『ドクター・フー』は，自分が正しい判断をしているかどうかいつも気になりますし，何かする前にとてもじっくりと考えます」

刑務所から社会に戻る人々を支援することを志望している学生：「私の大好きなテレビ番組は『フリンジ（境界サイエンス）』という境界科学についての，平行して存在する2つの世界についてのドラマです。それぞれに何が起きているのか理解しようとします。登場人物は出来事をそれぞれの世界に等しく起きるようにしたいと思っていて，2つの世界について他の人々に理解させようとします。

第4章 ライフ・ポートレートの再構成

薬物乱用患者を援助したい学生：「『ウォーキング・デッド』は，生き延びよう
とする人々についての番組です。お互いに助け合うチームです」

実施のヒント
・*Dictionary of Holland Occupational Codes*（「ホランドの職業選択コード」
（Holland & Gottfredson, 1996）），あるいは *The Occupational Finder*（職業を
みつけるための本）（http://crlp71.pbworks.com/f/occupations.pdfto）を使
って職業のリストを作成し，クライエントの2文字の RIASEC タイプに一致
させる。クライエントとそのリストについて話し合い，クライエントに持っ
ていてもらう（VPI 職業興味参照）。
・カウンセリング中での話し合いで，学業での専攻，職業的な役割と趣味で表
現された興味をたどり，興味に継続性と一貫性があるのを示す。

第5の課題：役割の台本を書く

クライエントが現在，大好きなストーリーを転機の問題で使われている言葉を
使って翻訳すると，起こる可能性のある結末がどのように描かれているかを知
るヒントを得る。
5番目のライフ・ポートレートの主題文，すなわち台本の文章を完成させる：
「もし私が大好きなストーリーから台本を採択するなら，私は＿＿＿＿＿するで
しょう」

理論的根拠
ストーリーはレンズとして機能して，そのレンズを通して人々は出来事を受け
取り，理解する。大好きなストーリーは，自身のストーリーの様相を映し出す。そ
のストーリーの中に自分自身と置かれた状況を入れ込むことで，自分自身の意識
を変容させることができる。特に，そのストーリーによって自分が進むにふさわ
しい道が示されるときには，そう言える。

アセスメント
大好きなストーリーはクライエントを安心させる。自己と同じような問題を他
の人が解決した方法や他の人がどのようにして前に進んだかを学ぶからである。
カウンセラーはクライエントの話に耳を傾け，クライエントが語る大好きなスト

ーリーの中に，転機に橋を架ける計画が暗示されているどうか見定める。カウン
セラーが驚くことがしばしばあるのだが，大好きなストーリーの中にクライエン
トが演じる自己の役割がはっきりと描かれていることだ。しかし，これは偶
然の一致ではない。このようなストーリーが好きなのは，次の人生ストーリーの
章で生きる道の方向をガイドしてくれるのをクライエントが暗に知っているから
だ。

W. W. は大好きな映画を『ハサミを持って突っ走る』（*Running with Scissors*）だ
と言った。彼女はこう説明した，「私よりもひどい機能不全の家族についての真実
をもとにしたストーリーです。子どもたちは自力で生きていく必要がありました。
母親はこころの問題を抱え，子どもを放っておいて虐待しました。父親は去って
行った。映画のなかで私がしたいことは，私が子どものときに感じたように無視
されて見捨てられた子どもたちを助けることです」

> **W. W. のライフ・ポートレートの５番目の文章**：私が大好きなストーリーから台
> 本を採用するなら，機能不全の家族に無視され，見捨てられてきた子どもたち
> を助けたい。

他に事例を示そう。

例１：アイビー・リーグの学校を３年も飛び級して卒業した青年は，マーケテ
ィングで成功し，キャリアを築いた。それにもかかわらず，彼はずっと西部への
冒険旅行へ出かけたいと思っていた。他の人を助けたいとも思っていた。注意し
て欲しいのだが，彼の大好きなストーリーも新しい方向に適応するように変化し
ている。

「私は最近新しいものを求めてもがいている。以前ある映画を何度も見て，原
作の本を何度も読みました。しかし，最近映画を見返して自分の興味が失われ
ていることに気がつきました。なぜかわかりません。それが『荒野へ』（*Into the
Wild*）です。この都会育ちの一流大卒の青年は，仕事を得て，２万ドルを貯蓄し
ます。彼の家族は彼に車を買ってあげたいと思っていますが，彼は"そんなもの
はいらない"と言います。全てのお金を慈善施設に寄付して全国をヒッチハイク
し，アラスカにたどり着きます。毒のある植物の食べ過ぎでその毒に侵され，そ
こで餓死してしまいました。この映画のラストシーンで彼は次の引用を書き留め
ます"幸福は共有されるものだ"。本当にそうだと思います。でも，つい先日最後
にその映画を見たとき，主人公の青年は自己中心的で腹を立てているただの子ど

もじゃないかと思いました。なぜ全てを無駄にして，両親，家族そして友達を傷つけて，この結末にたどり着く必要があったのでしょうか。そのようにする必要はなかったのです。突然立ち去り，これらすべての経験をして，それをコミュニティの人々と共有することなく，また，コミュニティに還元しないのは自己中心的です。恩を返すことは，大切です」

彼の台本は次のように読める。「もし私が大好きなストーリーから台本を採用するなら，家族を傷つけずにコミュニティの中で他人を助ける冒険の旅に出かける」

彼が取得した新しい仕事は，癒しの意味もある未開地への冒険旅行を提供する会社で働くことであった。彼は，いつかは自分で計画した癒しの冒険プログラムを開始したいと思った。

例2：大企業で働く28歳のアシスタントマネージャーは，新しい職業について学ぶために学校に戻ることを望んだが，両親は安定した今の仕事を続けるように言った。上司の女性は，もう少しで大きく昇給が望める二階級上への昇進を約束されているので，留まるべきだと話した。彼女は去就について自問した。大好きなストーリーを尋ねると，彼女はこう答えた。

「『塔の上のラプンツェル』という最新のディズニー映画です。主人公は塔に閉じ込められています。母親は彼女に母親であると言っていますが，実際は魔女で，ラプンツェルの髪には魔力があるので塔に閉じ込めています。ラプンツェルのしたいことは現実の世界に冒険に出て，そこがどんなところか見てみたいということです。というのも，彼女は城壁の外に出たことがなかったからです。そして，実際にラプンツェルは自己発見の旅に出て，母親だと思っていた人が本当は悪い魔女だと知ります。ラプンツェルは王室家族の一員なのに，何年も何年も行方不明になっていました。物語の最後に，家族と再会します。彼女の魔法の髪が切られて，魔法から解放されます。最初，彼女は髪を切るのはひどいことだと思いましたが，彼女の人生を危険にさらすのは自分の髪であると気がつきました。その髪のために彼女は人々から追いかけられることになったのでした」

彼女の台本の文章は，「大好きなストーリーから台本を採用するなら，私は城を立ち去り，人を癒すことに魔力を試すでしょう」

彼女のこの大好きな話について話し合っていると，彼女が気づいたのは，彼女の上司の女性は魔女で，会社に留まらせようとしているのではないということであった。この気づきで，彼女は突然笑い出した。それから，自分が会社を辞める

と「魔法の力」も消えてしまうかしらと言った。彼女は，勇気を出して会社を辞め，魔法の力が人を癒す看護学校に入った。

例3：カウンセリング専攻の男子学生は，博士号を目指すべきか迷っていた。彼は，フルタイムで働き，2つの夜間大学院での修士課程を終了していた。職場では，要求に対してノーと言えなかったので，彼がすべき就業時間よりも週に10〜15時間多く働かざるを得なかった。彼の婚約者は，彼に会えない不満を口にした。

「私の大好きな本は『指輪物語』です。特に好きなのは物語の始めの部分です。中つ国の世界の創造についての物語です。才能を有するある登場人物を中心に話が進みます。彼が造ったものが悪者に盗まれました。話の残りの部分は，盗まれた物を取り返す彼の野望についての物語です。彼は取り戻す強迫観念にとりつかれた中で，自分の友達や家族を失います」

彼の台本は次のようになった。「大好きなストーリーから台本を採るなら，私は自分のキャリアへの野望と家族や友達との時間のバランスを取るでしょう」

自分の野心によって，婚約と結婚が台無しになることを怖れて，彼は大学院の助手の仕事を得て，大変な労力を要していた仕事を辞めました。そして，アサーティブ・トレーニングを行い，ノーと言える練習をしました。

例4：45歳の男性は，夢のようにすばらしい仕事に転職すべきかを相談したがっていた。彼は，安定した仕事に就いており，その仕事は好きではあったが強い愛着を感じてはいなかった。

「『U・ボート』が私の大好きな映画です。これは，第二次世界大戦の潜水艦の話です。あらゆる障害を乗り越えます。海でね。私は，チーフ・エンジニアと自分を重ねます。映画の中で，大きな砲弾に打たれたシーン。彼らは海の底で動けなくなりました。潜水艦から水を外に出さなければならない。限られた酸素で長い間潜っていられないのです。乗組員たちがもう死んでしまうと絶望したとき，チーフ・エンジニアは全てが整ったと言います。水面に浮上するチャンスは1回。全員にもう一度活気が戻ります。緊張が走りますが，うまくいき，全員が生き残ります」

彼の台本には，「大好きなストーリーから台本を採用するなら，新しい仕事に本物の情熱を注ぐ最後のチャンスではないかと感じることを選びます」

ストーリーについて話していると，彼が言ったのは，「私の現在のキャリアは嫌な奴をなだめるようなものだ。死にそうです。それはまさに現実である！　海の

底で動けなくなっている。これが，夢を追いかける最後の1回きりのチャンスだ。今の場所にいたら，退職するまで息苦しいままです。挑戦したいのです」ということだった。

実施のヒント

- 最初の質問「私は，どのようにお役に立てますか？」に対するクライエントの応答に関連するようにストーリーを配置する。そのストーリーは，クライエントがカウンセリングに来た理由に対する答えをおそらく暗示している。
- 台本にどのようにメタファーとしての登場人物や物体が含まれているかを検討する。例えば，とあるクライエントの大好きなストーリーは，小説の『高慢と偏見』だった。彼女は，コリンズ氏との結婚であれば安全と安定がもたらされる，一方で，ダーシー氏との結婚であれば，興奮，謎，それから不従順がもたらされると説明した。カウンセラーが言ったのは，「あなたの現在のキャリアの通り道はコリンズという名の職業につながっているけれども，あなたはダーシーという名の職業に憧れています」
- ライフデザイン・カウンセラーは，アイデンティティを社会的役割の中の自己と定義する。クライエントを次のように描いてみよう。新しい職業上での役割における自己を演じるために台本を使う，その結果，自己のアイデンティティを再び検討することになると。
- 全てのクライエントが仕事や勤め先，大学の専攻を変えるわけではない。今の仕事を続けたり，現在の組織にそのまま残ることも可能である。なぜなら，カウンセリングは，ある見方からすれば，挑戦されてきた「意味の世界」を再確認することだからである。このようなクライエントは，以前に比べより意味を理解し，自尊心を維持し，彼らの職や会社での役割を上手に変えることができるようになる。

第6の課題：アドバイスの適用

大好きな名言・格言が，転機を乗り越えるために，どのようにクライエントの最初の行動を導き，促しているかを指摘する。

ライフ・ポートレートの6番目の文章を完成させる：今自分のために持っている最良のアドバイスは，＿＿＿＿＿＿である。

理論的根拠

名言・格言は，経験を実践的な知恵に凝縮させるているものだ。クライエントの職場環境に関する有益なガイダンスを与え，転機を克服する努力を奮い起こすための戦略的行動をたいてい暗示している。アドバイスを考えるプロセスによって，自分の人生を著述する根拠が強化され，自信をつける。なぜなら，質問に対する答えは自分の中にあり，専門家としてのカウンセラーから与えられるものではないからである。

アセスメント

クライエントの自分へのアドバイスは，普通は意味がすぐにわかるので，描かれたライフ・ポートレートに合わないことはめったにない。クライエントが知っているものの中でもとても重要であるが，クライエントはそれに気がついていない。時に，「あまり考えたことはないが知っている」と言われる。

アドバイスは，芝居の演出家から与えられるもののように考えてもらったほうがよい。演出家は，プライベートとしての舞台裏と職業などの公としての表舞台が交わる転機においてクライエントが演じる人生を導く（Neimeyer, 2012）。劇場で見られるように，演出家が台本を解釈し，役割を演じるのに必要な動きをクライエントに伝える。W. W. は自分にアドバイスをした，「それは，嵐が過ぎるのを待つのではなく，雨の中でダンスをするのを学ぶことだ」と。この言い回しの意味を尋ねると，彼女はこう答えた。過去に住み続けるのをやめ，自分の人生をどんどん進めていかなければならない。そうすれば，彼女はよりよく他の人を助けることができると。

W. W. のライフ・ポートレートの6番目の文章：「今，自分に対する最良のアドバイスは，嵐が過ぎるのを待つのをやめ，雨の中でダンスすることを学び始めることです」

彼女の ER には，最初の動詞が「待つ」であったことに注意する。自分へのアドバイスは，待つのをやめることである。
- どうなるかは，自分次第。
- ドアが閉じれば，窓が開く。
- 神様は，臆病者が嫌い。
- トライするのをやめるまでは敗者ではない。

第4章　ライフ・ポートレートの再構成

第7の課題：ライフ・ポートレートの統合

　ライフ・ポートレートの文章を集合させて，口頭で伝えられるポートレート，クライエントのキャリアを連続性と一貫性を持って描写するものに編集していく。

　この転機に直面した際に，私の根底にある心配事は＿＿＿＿＿＿です。私が成長する時の問題を解決するために，私は＿＿＿＿＿＿，＿＿＿＿＿＿，＿＿＿＿＿＿となりました。これらの特性は，私が次の職場に移動する際に大切なものになります。それらの特性は，私の人格特性の＿＿＿＿＿＿を＿＿＿＿＿＿に変えることで私の人格を形成しました。私が築き上げた自分は，＿＿＿＿＿＿や＿＿＿＿＿＿という人々に囲まれているのが好きです。私が好きな場所は，＿＿＿＿＿＿や＿＿＿＿＿＿です。私が問題を解決する手順で好むのは＿＿＿＿＿＿のような方法です。私の＿＿＿＿＿＿のような問題を解決するために，私が好む解決手順は＿＿＿＿＿＿です。私の大好きなストーリーから台本を採用するなら，＿＿＿＿＿＿になります。今，自分への最良のアドバイスは＿＿＿＿＿＿です。

理論的根拠

　カウンセラーは，課題1～6で書いた文を統合して，ライフ・ポートレートの最初の草稿を作る。このように合成されたものは，再構成されたアイデンティティを描き，上位の概念から転機を眺める視点を提供し，未来の可能性を展望する。

アセスメント

　ライフ・ポートレートを構成した後，カウンセラーはその記述にクライエントが相談を求める理由がどのくらい適切に表明されているかのアセスメントをしなければならない。ポートレートの描写は，転機のナラティヴの問題に対応し，次のキャリア転換でクライエントが必要とするものをきちんと表現できていて，総合的に信頼できるものでなければならない。

　カウンセラーは，ライフ・ポートレートの最初の草稿を見直して，クライエントを3つの方法で明確に記述していることを確認する（Savickas, 2002）。

・人物を演じる社会的な俳優として記述されているか（ロールモデルの質問）。
・ある文脈で目標を追及する動機づけされた主体的に行動する人と記述されているか（雑誌の質問）。

・パフォーマンスを描くナラティヴの著者として記述されているか（大好きなストーリーの質問）。

　それから，カウンセラーはポートレートを編集し，生き生きとしたテーマとクライエントのキャラクター・アークを強調する。これらの要素は，自己の全体性を漸進的に実現することや将来を構成する意志を形成することが重要であるとクライエントに実感させる援助をする。

実施のヒント
・6つの課題で作成されたライフ・ポートレートのそれぞれの文は，アイデアを精緻化するパラグラフの主題文として使われる。そのパラグラフでは，主題をより詳細に説明し，さらなる説明と具体的な事実や例を入れる。
・ポートレートに価値と尊厳を吹き込み，できるだけ最良の説明をする。
・クライエントの人生そのものに語らせる。
・クライエントが使ったメタファーを際立たせて，新しい視点を開く。
・ポートレートを編集する中で，内的な一貫性を持ち，初めから終わりまで同じ言葉か，似た言葉を使うようにする。
・必要な箇所には，前後を接続させる語句を追加し，文と文をつなげ，途切れなく流れる文にする。

第5章

カウンセリング・プロセス

　ライフデザイン・カウンセラーは，まず最初のセッションでキャリア構成インタビューを行う。２回目のセッションでは，再構成したライフ・ポートレートの草稿をクライエントに伝えて人生計画をともに構成するナラティヴ・カウンセリングに携わる。ライフデザイン・カウンセラーは，２回目のセッションをクライエントとの雑談から始める。短いウォームアップをした後，クライエントに次の質問をする。「前回お会いしたときから何か明らかになったことはありますか」。その時に，クライエントが何か重要なことを発言したら，それを忘れずにライフ・ポートレートに記入する。次に，カウンセリングがいかに役に立ったと思っているかについてのクライエントの発言をもう一度確認して伝える。この時点で，カウンセラーは，明確で歯切れよく，ライフ・ポートレートを伝え始める。

パート１：ストーリーを再び語る

目標
　クライエントにライフ・ポートレートを聞かせ，暗示的には知っているが，明確には理解していなかったこと，あるいは他の人に言ったことのないことをリフレクションする。

理論的根拠
　カウンセラーは，コメントを加えてストーリーを豊かにしながらライフ・ポートレートに書かれたストーリーを再度語る。ストーリーが上手に再度語られると，クライエントは目的を持って，自己のアイデンティティや人間関係に，再び取り組むようになる。ライフ・ポートレートの順番に並べられたプロット（視点，自己概念，興味，台本，アドバイス）に従い，カウンセラーがマクロ・ナラティヴを再度語ると，クライエントの経験および理解の境界線（boundary）（Buhler, 1935)に辿りつくプロセスに導かれる。これらによりクライエントは主体的に行動する人という感覚を深め，ストーリーの一貫性および連続性を理解する手助け

をする。カウンセラーは，いつでも，クライエントが獲得できる最も適切な態度を際立たせる。

カウンセリングはゆっくりと進み，それぞれの区切り後に，少し休む。クライエントがリフレクションをして自己探求する際には，心の中にポートレートを思い描くようにカウンセラーは促す。カウンセラーは，クライエントがストーリーの中に留まり，可能性を心に描き始めることを望む。カウンセラーは，押しつけるのではなく，意味を明らかにするように援助をする。

カウンセラーは，クライエントがポートレートの中に描かれた自分を認識し，本当の自分を自分のものにする根拠を探す。その表現でよいと言葉での同意があってもよいが，それだけでは曖昧かもしれない。カウンセラーは，ライフ・ポートレートが有効だったと了解されたかどうかを知るために，クライエントの自発的な笑顔，涙，紅潮した顔や笑い声のような身体反応を含む感覚的な「了解」にまで注意を向ける必要がある。

プロセス

この再度の語りをしている間，カウンセラーはクライエントを継続的に促して，経験について過去にさかのぼったり未来を見越したりしてリフレクションをしてもらう。カウンセラーは，内省（reflexivity）するため，沈黙を使うこともあるし，焦点化するために共感的な応答を用いることもある。

カウンセラーは，最初の ER で用いられた視点を，再度，語るところから始め，話し合いをするための場面を設定し文脈を作る。最初の見出しを読んで，エピソードを要約し，クライエントが今までとは違ったやり方でストーリーについて考え始める手助けをする。カウンセラーは，ER は未来のための現在の思い出であると明確な意識をもつ。ER は，ライフデザイニングで扱うべきクライエントの問題を描く。

クライエントとカウンセラーは，ともになって，忘れられない思い込み，あるいは間違った信念があれば，それらを脱構成する。仮に，ER に抑圧的か，あるいは威圧的な説明が含まれているなら，それらを壊し，新しい理解を引き出す手助けをする。ER の難解な意味を脱構成することは，意味そのものの破壊であり，クライエントに自身の経験を異なった視点で見させ，根底にある思い込みに疑問を持つようにさせ，意味をもう一度考えさせる。最初の ER を完全に話し終えたら，次に，残り 2 つの ER について話し合い，脱構成する。脱構成の一部として，問

題を外在化（White & Epson, 1990）して，クライエントは主体的に行動する人であるという意識を高める。カウンセラーは，問題が問題なのではなく，問題そのものが問題なのであるとクライエントを納得させる。

　各ERについて順番に話し合った後，その見出しそのものがどのようにクライエントのストーリーを語るかを示しながら，3つの見出しを1つずつ読み上げ，可能ならば1つにまとめる。しばしば，見出しの並びそのもの（1番目から3番目へだったり，あるいは3番目から1番目へだったりする）が，問題，増大，解決の順番に読み取れる。この再度語るという段階では，通常，視点が設定され，前に進む足掛かりをつかむテーマが紹介される。

　視点を特定し，テーマに関する問題を特定したら，クライエントのロールモデルで描かれた人格特性について話し合う。このように再度も語ることは，なぜヒーローやヒロインが彼らにとって重要であるのか，彼らが最も称賛するその人格特性を自己構成にどのように統合してきたかを理解する助けとなる。こうしたことは，自己概念と能力についてクライエントに思い出させるだけでは終わらない。それは，成長期の問題を解決するためにどれほどこの人格特性が必要であったかを説明するためであり，さらに，自己構成にこの人格特性を統合してきた理由をつまびらかにするためである。これらの人格特性は，明らかにERに直結している。例えば，ERが恐れの波紋で揺れると，ロールモデルは勇気をもって応答する。ERが孤独を描くと，ロールモデルは社交性を発揮する。ERが混沌を暗示すると，ロールモデルは秩序を課す。このように反転するパターンは，キャラクター・アークの真髄である。要するに，カウンセラーは，必要とする自己をどのように構成してきたかをクライエントに理解させる援助をする。人は，子どものときにそこにいて，助けてほしかった人になろうとしてきたのである。

　カウンセラーが強調するのは，どのように受動から能動へ移行してきたかである。かつて空っぽだったものが今や満たされている。

　自己構成の話し合いをした後で，カウンセラーはクライエントの注目を職業上の興味に向けてもらう。カウンセラーは，クライエントが示す仕事内容や役職に対する特有な関心は，自己を演じるのにふさわしいステージにキャラクターを置く試みであったと説明する。ライフデザイン・カウンセラーは，職業上のアイデンティティをパフォーマンスとして見る（LaPointe, 2010）。アイデンティティは自己の役割を意味することを心に留めておくこと。

　クライエントにみられる特有な興味や願望を説明した後，多くのクライエント

にとって，自分が追い求めたい職業が特定されたと感じていることにカウンセラーは気づく。まだ不確定であるように見えるクライエントには，RIASEC コードによるアセスメントに基づき，合致する職業のリストを構成し，話し合う。カウンセラーがクライエントに説明するのは，リストに載っている職業に就く人々が多くの点で似ていることである。なぜなら，人々が場を作り，職業を形成しているので，クライエントが望むことは，いかにうまくリストに載っている職業の必要条件やスケジュール，報酬などに適合するか探求することである。RIASEC の類似性について話し合い，クライエントがすでに分類した選択を強化し，再確認することもある。

　ある場所に自己を置いたら，クライエントが演じようと思っている台本について話し合うときが来たということである。映画や本の大好きなストーリーは，クライエントが主人公となり演じるストーリーとして再び語られる。カウンセラーは，そのストーリーを説明するときに，クライエントが語った通りの言葉で語り直し，クライエントの感情で認識された彼らの身体的表現を見る。台本は通常，クライエントがカウンセリングに来た質問に対する答えが含まれている。クライエントはカウンセラーが質問に答えてくれることを期待していているものだが，初めから自分自身に答えがあるのを知って，喜ぶと同時に驚く。

　カウンセラーは，クライエントの大好きな名言・格言によって，新しい台本を演じ始める方法が教えられているとクライエントに生き生きと説明する。カウンセラーは台本というメタファーを使い続け，役者を導く演出家のように「アドバイス」について説明する。もちろん，この場合，役者自身も自分自身を演出することになるだろう。

　今までのプロセスでのこの時点で，カウンセラーはここまで何を成し遂げてきたかを要約しておこう。クライエントとカウンセラーが一緒になって，クライエントについての以下の質問に答えてきた。

・あなたは誰ですか（ロールモデル）。
・あなたが働きたい職場はどこですか（雑誌）。
・あなたはそこで何をしたいですか（台本）。
・なぜそれをしたいのですか（ER）。
・どのように始めるべきですか（名言・格言）。

実施のヒント

・ ライフ・ポートレートを，受動的に経験されていた苦痛を能動的に克服し変化するように語る。

・ 個人的なアイデンティティと職業的アイデンティティとが平行して存在することを指摘する。

・ 情動，ため息，沈黙や洞察を注意して見守り，探求する。

パート2：行動計画

　この時点になって，どのようにカウンセリングがクライエントに役に立つのかという最初の質問に対するクライエントの応答に戻る。クライエントとカウンセラーは，ともに考えて，最初にクライエントがカウンセリングに求めたことが，ライフ・ポートレートについて話し合うことによって達成できたかどうかを話し合う。もし達成できていないなら，何が欠落したかに注目する。もしクライエントが，まるで思いめぐらすように最初のストーリーを同じように繰り返し反芻するなら，これは治療的なセラピーによって扱われるべきうつ病の兆候かもしれない。しかし，多くのクライエントにとって，再度語ることによって，目標は達成できるだろう。

意図性

　カウンセリングの開始時にクライエントが感じた緊張は，作業が進むにつれてほぐれていく。したがって，カウンセラーはライフ・ポートレート作成に集中することから始め，クライエントを勇気づけ，そのポートレートに表されている本来の意図が何かを知って，それを話し合う方向に動く。クライエントはもはや孤独を感じなくなり，混乱しなくなる。その理由は，クライエントは転機を新しい視点で眺め，認知的に洞察を得て，情動的な気づきが高まったからである。このような成長によって，クライエントはよりはっきりと自分の人生の意図を認識し，不確実な状況に陥ってさえ懸命に生きる能力を高めることができる。

　意図性を強めることは，ライフデザイニングの目標であるから，カウンセラーはこの達成を認識するために一呼吸おく。クライエントの意図性を強化する方法として，現在の状況においても未来においても同じように意図することが大切であることをクライエントに伝えるのも1つである。

計画を立てること

目的を明確にし，生きる意図が何かを宣言したならば，クライエントは目標を設定して，可能性と制約を考慮して進むべき方向を計画書に記す。クライエントとカウンセラーは，戦略的な変化や意図的な行動のための計画立案をともに構成して，カウンセリング中に得られた暫定的な理解を試してみる。転機を克服するための計画は，ライフ・ポートレートについて話し合った後になると，通常，とても明白なものになる。潜在的であったことが明らかになってくる。クライエント自身も何をする必要があるのかを理解し，カウンセリングはそれを具体化する。多くの場合，このような計画立案には，自分か他の人が設定してしまった以前の限界を超える動きを含む。典型的な計画立案には次の行動を一つ以上含む。「意図の確認」「選択の調査」「両親かパートナーへのアサーション」「研究プログラムか，職業的な役職への応募」「役職の辞任」「新しい都市への引っ越し」「長い時間をかけて取り組む必要のある問題について臨床的カウンセリングを始める」。希望を注入するために，必要があれば，すべての計画に，代替の方法を含めておかなくてはならない。

観客

ほとんどの行動計画には，クライエントが再著述したストーリーを伝える重要な観客がいるべきである。なぜなら，クライエントは他の人と一致する行動をとって新しい役を演じるので，親しい関係の仲間が修正されたストーリーにどのようにうまく順応するか知らなければならない。なので，クライエントは関係する観客からの承認を得る努力をして，新しい役を演じる上での社会的なリソース（資源）を整理すべきである。したがって，カウンセラーは，クライエントを勇気づけて，安全な場面で新しいストーリーの基盤を確立させるため，家族やメンター，親しい友人を観客にして語らせる。幸運にも，このような観客，特に不可欠と思われる関係者は，新しいストーリーを支え，その演技をすることを促し，クライエントとの多少なりとも修正された関係を創り出す。ライフデザイニングにおける観客の役割についてもっと知りたい場合は，Briddick と Sensoy-Briddick（2013）の文献を参考にすること。

ナラタビリティ（Narratability）

ナラタビリティとは，ナラティヴではなく，新しいストーリーを観客に話すクラ

イエントの能力のことである。ナラタビリティを伸ばすのがライフデザイン・カウンセリングのもう一つの目標である。人生の目的をはっきり述べることができることと，人生の満足度には，強い関連がある（Bronk, Hill, Lapsley, Talib, Finch, 2009）。再著述したストーリーを語る能力を高めるには，クライエントに予行演習をさせること。自分のストーリーを話すことは，自己中心的なことではない。観客を知り，わかってもらえるように語るパフォーマンスを含んでいるからだ。観客の反応があり，中には驚きもあるだろう。劇場と同じで，受容力のある観客は，ナラティヴのパフォーマンスする力をアップする。クライエントとカウンセラーが観客からためらいや否定的な反響があると予想される場合，それに対する応答を準備しておく。

行動

しかし，計画やリハーサルが必要である以上に，実際に行動しなければならない。クライエントは，新しいストーリーと役割を演じるオーディションを受けて審査される必要がある。クライエントはカウンセリングを受ける際に問うた質問に答えるために，ストーリーを生きて，演技しなければならない。新しいストーリーの意味は，現実世界で演じられて始めて効力を発揮する。再著述されたアイデンティティのストーリーは，演技の段階で変化したものになる。行動することを通してのみ，クライエントは「今何が私に合っているのか？　私は何がしたいのか？　私は何ができるのか？」という質問に対する本当の答えを出せるからである。

実行のヒント

勇気づける：仮の計画を立てたら，クライエントに行動すること，楽観的に考えることに集中させる。やるべきことがわかっていても，岐路に立つと勇気が必要になることが多い。社会という世界の舞台で成功するには努力を重ねなくてはならない。したがって，カウンセラーは共感的な応答から勇気づけに態度を変化させ，努力するように駆り立てる。共感は，クライエント側からの視点で見たカウンセラーの応答を意味する。共感的な応答では，カウンセラーはこう言うだろう。「あなたが＿＿＿＿＿と感じるのは，あなたが＿＿＿＿＿だからです」。勇気づけは，カウンセラーの視点からの応答を示す。勇気づけの文言はこうなるだろう。「私はあなたができると信じています」。ライフ・ポートレートの再度語った後，励ます

ことが徐々に重要になる。勇気づけの応答を学ぶために私が気に入っている本は，Dreikurs と Dinkmeyer（2000）の "Encouraging Children to Learn"（子どもを励まして学ばせる方法）である。

　情報を求める：もし計画された立案に，より高度な情報検索が含まれる場合，その仕方をクライエントに教える。それは，観察する，訪問する，聴く，話す，書く，読む，そしてネット検索をする，である。カウンセラーによっては，白紙の左側のコラムにこのような7つのカテゴリーの言葉を印刷した配布資料を使う。クライエントとカウンセラーは，ともに，ブレインストーミングをして，考えられるかぎり多くの特定な行動を7つのカテゴリーにリストアップして書き留める。クライエントには，このような検索から学んだことは何か，そしてそれが利害得失に関連してどのような意味があるかを書き留めるように指示する。

　現実主義：カウンセラーは，クライエントが生きてみたい人生を主体的に追求するように促す。カウンセラーは，物事の意味を変えて，そして可能性と進歩を生じる言葉と視点を用いて，クライエントが主体的に活動するように奨励する。しかしながら，限界もある。クライエントが自由に選択できる能力は完璧ではない。人はそれぞれ，自分が選択したわけではない生活環境からプレッシャーを受けているので，クライエントの前に存在する，あるいはクライエントを超えて存在する規範的な限界や社会の制限がある。多くの場合，クライエントにできる最良のことは，せいぜい手に入る資源と社会サポートを使って即興に対応して，人生を構成することである。確かに，クライエントは自己の成長に一生懸命に取り組み，それから自分と他人のための最良の解決策を選択することができる。ときには――あるいは，おそらくいつも――完全になることを選ぶのでなくて，少しでも進歩することを選ぶことになる。カウンセラーは，社会正義の実現に取り組むとともに，規範的な限界や社会的制約に対抗する決意をするようクライエントを励まし，自分のために，もしかしたら他人のために，最良の選択と最も生き生きしたライフデザインを達成するように勇気づける。

終結のためにセッション2

　2回目のセッションを完了するため，カウンセラーはどのようにカウンセリングが役に立ったかを問う最初の質問へのクライエントの答えを声に出して読み，クライエントに尋ねる。「私たちはそれを成し遂げましたか？」と。答えが「はい」であれば，セッションは完了し，次の約束を設定し，1カ月置いて，計画の

実行結果を報告してもらう。

　W. W. のどのようにカウンセリングが役に立ったかという最初の質問の答えを以下に示す。

　「仕事に戻る準備ができていますが，今は少し方向性がはっきりしません。方向性がないことと，行く場所がわからないことにとても当惑しています。もう小学校4年生の先生の気持ちにはとてもなれないです。高校3年生のときは，心理学専攻に進みたかったのです。高校生活のすべてのことを心理学に結びつけていた，と私の先生に言われたこともあります。私は，とても愛着を感じていました。彼女が言ったことに本当に共感することができました。私は，人間の関係性について話すのが大好きでした。大学に行って心理学を専攻しました。しかし，最初の年に孤独になってパニックに陥りました。地元ではたくさんの友達がいましたが，大学にはいませんでした。間違っていたことに気づいて家に戻りました。大学1年は落第して，心理学から教育学に専攻を移しました。卒業し，息子ができるまで，教師として働きました。息子が小学校に入ったので，復職したいと思っていますが，教えること以外に何かもっとよい職業があるのではないかと思うようになりました。教えること以上のことをしたいと思っています。残りの人生を過ごすのに幸せな何かを見つけようともがいています。私は困惑しています。学校カウンセリングを学ぶために大学院に行こうかと考えていますが，大学院でついていけるかどうか心配です。そこで，私は学ぶべき科目ができるでしょうか。それを知りたいのでここに来たのです。時々思うんですが，学校カウンセリングは私にとって正しい道なのです，けれど，たぶん教職に戻るべきだと思うのです」

　骨組みを組み立てる質問に対して彼女の返答を編集したライフ・ポートレートは，次の通りだった。

　「この転機に直面したとき，私の根底にある心配事によって，孤独になり見捨てられる恐れを感じていることを思い出しました。間違った選択はしたくなかったですし，何かよいことが起こるのを待つだけという感じに追い込まれていました。孤立し，腹立ちを感じているのを思い出しました。大人になるための課題を解決するため，見捨てられたように思う感情を，世界でいつも孤独を

感じている人を助けられるように変えました。私は強く，思いやりがあり，役に立ちます。いつも弱い人を守りますが，暴力的な方法でそうするのではありません。次の職場でも，このような人格特性は重要です。今は，学校や職業で，ロールモデルから学んだ人格特性を用いることができます。カウンセリングや医療のような手段で学校や病院のような場所でチームとして働く人々と一緒にいて，見捨てられて人々を救助して，その人たちの抱える問題を解決し，逆境を乗り越えさせることに興味があります。大好きなストーリーから台本を採用するなら，機能不全の家族にネグレクトされたり，見捨てられたりしてきた子どもたちを助けるでしょう。特に，心理学者，ソーシャル・ワーカーあるいはカウンセラーとして働きたいでしょう。今，自分への最良のアドバイスは，嵐が通り過ぎるのを待つだけの生活はやめて，雨の中で踊れるように学ぶことです。そうすれば，私は子どもたちにも同じようにできる援助ができます」

　明らかになったのは，彼女は大学院で学びたいのは学校カウンセリングではなく，心理学だということである。

　「私は迷っている人々を助けたいのです。友達や家族がいない人々とともに働きたい。でも，ホームレスの人々や虐待された女性を担当したくありません。なぜならとても感情的になってしまうからです。私は，肉体的にも精神的にも強いはずなんですけれど。チームの一員として働きたいです」

　彼女を大学院に行く決断をやめさせているものは何かと尋ねると，彼女は言った。

　「私はよい母でいたいのです。見捨てることが怖い。息子と遊ぶことができなくなると，息子が見捨てられたと思うのが怖いのです」

　この問題は，転機のナラティヴに最初に現れた。彼女は，大学院で自分に課せられる勉強ができるかどうかわからないと言っていた。クライエントは，学問の世界の知的な作業をすることに威圧を感じているのではなくて，息子と長い間離れてしまう不安にとらわれていた。キャリアの進路を選択する上で何が問題となっているか，カウンセラーと自分自身に対して説明した。シングルマザーとして，

息子を見捨てたくない。そして，さらに重要なことには，大学院で要求される勉強を長時間するからといって，息子が彼女を見捨てるのも望まないからである。

　高まった感情で，彼女は選択肢について率直に話し合った。臨床心理学で博士号を取ることを夢見ていたが，息子と離れる時間が長いとも思っていた。しばらく話し合って情報収集をした後，彼女は自信を持って，臨床心理学で博士号を取るよりも要求事項が少なく，時間がかからないとわかった学校心理学で修士号を取ることに決めた。さらに，彼女は教職の経験を増やすことにもなる。その上，後ほど学校心理学の博士号を取るドアも開かれている。私たちが話し合ったのは，どのように新しいストーリーを幼い息子に話すか，どのように元夫や両親や友達からの援助を求めるかであった。

　大学院で勉強している間，彼女は学業の課題をするのと息子のための良質な時間をとることのバランスをとることができた。修了後，小児科病棟の院内学級でのスクールカウンセラーとしての職を得て，長期入院患者が学校の宿題をしたり，同級生と関係を持つのを援助する仕事ができた。最終的には，病院内の精神医学部門で子ども専門の心理士兼，家族療法士に職務を変えた。結局，かつて彼女自身がそうであったように，受動的に恐れていただけの子どもを援助することによって，彼女の問題を克服することに成功した。

別れ

　ライフデザイン・カウンセラーは，クライエントの大好きな名言・格言を繰り返し言って，ドアまで歩き，さよならを言う。クライエントは，なされたカウンセリングの仕事に対して感謝や賛辞の言葉を言うことはめったにない。むしろ，大好きな名言・格言を繰り返すことで，前進を促し，クライエント自身の英知を大切にする。W. W. に対して，私は言った，「大学院で子どもたちに雨の中で踊らせる方法を学ぶときで，進学をやめるときではありませんね」

　クライエントがカウンセリング・ルームを去った後，カウンセラーは何かが起こるようにさせなければならない。私たちは行動し，何が起こるかを見ることで世界を知る。主体的な行動は，個々人が自分のための意味を構成する手段として実行される行為によって成り立つ。主体的に行動すると，意味を作ることに付け加えて，多くの場合，良い機会が生まれ，自己の威厳が確立される。

セッション3

　多くのクライエントには3回目のセッションは必要ない。クライエントは，カウンセラーにEメールや電話でうまく行っていると伝えるくらいのものだ。カウンセリングの面接の約束に現われるクライエントは，新しく発見したことを報告したり，再確認を受け入れたり，次の1〜2回の段取りについて話し合うことが多い。たまに，クライエントは行動を起こしたものの，入口が塞がれてしまったと報告することもある。そのときは，代わりの案が出てくる。クライエントとカウンセラーは，そのことを話し合って，代替の行動計画を作り上げる。これは多く起こることではないが，世界はクライエントにいつも協力的であるわけではないので，そうなったとしても驚くべきではない。

プロセスと結果を評価する

　知識を増やし，カウンセリングの実践を向上させるため，カウンセラーはカウンセリング・プロセスとカウンセリング結果の双方をともに評価する。ライフデザイニングの結果を評価するには，中心となって取り組まれた質問に，クライエントの目標を達成する介入が効果的であった評価が含まれる（Gibson & Cartwright, 2014）。私は，『セッション・ランキング尺度』（Session Rating Scale；Shaw & Murray, 2014）を使って2回目のセッションの後にこの効果測定を行い，クライエントの目標達成度と満足度を評価する。ナラティヴの結果の評価には，『未来のキャリアの自叙伝』（Future Career Autobiography；Rehfuss, 2009）を用いる。カウンセリングの結果としてのクライエントのリフレクション評価には，『キャリア探索調査』（Career Exploration Survey；Stumpf, Colarelli, & Hartmann, 1983）の自己探索尺度を使う。プロセスの評価には，『革新的な瞬間のコーディング・システム』（Innovative Moments Coding System；Cardoso, Silva, Gocalves, & Duarte, 2014a, 2014b)を使う。これらの方法を一括にしてプロセスと結果を評価することで，今後の職業上の発展のための重要なフィードバックが得られる。

さいごに

　ライフデザイニングの技法はカウンセラーに実践の型をワンセット提供する。ライフデザイニングに用いる際の高度な専門的技術とキャリア構成に関する知識は，経験によって発展する。カウンセラーは，各セッションでの手法をうまく使

第5章　カウンセリング・プロセス　　*75*

う技能を向上させることは，そこで終わりというものはない。ライフデザイン・カウンセリングを行って何十年たっても，私はなお，それぞれの面接やすべてのクライエントから新しいことを学んでいる。あなたもそうだろう。最終的に，クライエントはカウンセラーにとって最良の先生なのである。

さらに学ぶために

ライフデザイン・カウンセリングについてもっと学びたいなら，以下の資料が役に立つだろう。

ビデオでの実演

Savickas, M. L. (2006). *Career counseling.* (Treatments for Specific Populations Video Series). Washington, DC: American Psychological Association.

Savickas, M. L. (2009). *Career counseling over time.* (Psychotherapy in Six Sessions Video Series). Washington, DC: American Psychological Association.

Workbooks (Free)

Savickas, M. L., & Hartung, P. J. (2012). *My Career Story.* www.Vocopher.com

Savickas, M. L. (2013). *Career Constrction Interview.* www.Vocoper.com

文献資料

Bussaca, L. (2007). Career construction theory: A practioner's primer. *Career Planning and Adult Development Journal,* 23, 51-61.

DiFabio, A. & Maree, J. G. (2013). *Psychology of career counseling: New challenges of a new era.* New York: Nova Science Publishers.

Hartung, P. J. (2013). Career as story: Making the narrative turn. In W. B. Walsh & M. L. Savickas, & P. J. Hartung (Eds.) *Handbook of vocational psychology (4th ed.).* Mahwah, NJ: Lawrence Erlbaum Associates.

Maree, J. G., & DiFabio, A. (2011). Group-based life design counseling in an Italian context. *Journal of Vocational Behavior,* 88, 1-9.

Obi, O. P. (2015). Constructionist career counseling of undergraduate students: An experimental evaluation. *Journal of Vocation Behavior,* 88, 215-219.

Rehfuss, M. C. (2007). The case of Frank: Application of the theory of career construction. *Career Planning and Adult Development Journal,* 23, 68-76.

Rehfuss, M. C. (2009). Teaching career construction and the Career Style Interview. *Career Planning and Adult Development Journal,* 25, 58-71.

Savickas, M. L. (2011). *Career counseling.* Washington, DC: American Psychological Association.

Savickas, M. L. (2013). Career construction theory and practice. In R. W. Lent & S.

D. Brown (Eds.). *Career development and counseling: Putting theory and research to work* (2nd ed., pp.147-183). Hoboken, New Jersey: John Wiley.

Savickas, M. L. (2015). Life designing with adults: Developmental individualization using biographical bricolage. In L. Nota, & J. Rossier (Eds.). *Handbook of Life Design: From Practice to Theory and From Theory to Practice* (pp.135-149). Gottingen, Germany: Hogrefe Publishing.

引用文献

Angus, L. E. Greenberg, L. S. (2011). *Working with narrative in emotion-focused therapy: Changing stories, healing lives.* Washington, DC: American Psychological Association.

Arnold, M. B. (1962). *Story sequence analysis: A new method of measuring motivation and predicting achievement.* New York: Columbia University Press.

Bollas, C. (1987). *The shadow of the object: Psychoanalysis of the unthought known.* New York: Columbia University Press.

Bordin, E. S. (1979). The generalizability of the psychoanalytic concept of the working alliance. *Psychotherapy: Theory, Research & Practice,* 16, 252-260.

Briddick, W. C. & Sensoy-Briddick, H. (2013). The role of audience in life design. In A. DiFabio & J. G. Maree (Eds.). *Psychology of career counselling: New challenges for a new era* (pp. 69-81). New York: Nova.

Bronk, K. C., Hill, P. L., Lapsley, D. K., Talib, T. L., Finch, H. (2009). Purpose, hope, and life satisfaction in three age groups. *Journal of Positive Psychology,* 4, 500-510.

Buhler, C. (1935). *From birth to maturity: An outline of the psychological development of the child.* London: Kegan Paul, Trench, Tubner.

Cardoso, P., Silva, J. R., Gocalves, M. M., & Duarte, M. E. (2014a). Innovative moments and change in Career Construction Counseling. *Journal of Vocational Behavior,* 84, 11-20.

Cardoso, P., Silva, J. R., Gocalves, M.M., & Duarte, M. E. (2014b). Narrative innovation in life design counseling: The case of Ryan. *Journal of Vocational Behavior,* 85, 276–286.

Carkhuff, R. R. (1969). *Helping and human relations: A primer for lay and professional helpers.* New York: Holt, Rinehart and Winston.

Clark, A. (2002). *Early recollections: Theory and practice in counseling and psychotherapy.* New York: Routledge.

Davies, B. & Harre, R. (1990). Positioning: Conversation and the production of selves. *Journal for the Theory of Social Behavior,* 20, 43-63.

Dreikurs, R., & Dinkmeyer, D. (2000). *Encouraging children to learn.* New York: Routledge.

Forster, E. M. (1985). *Aspects of the novel.* New York: Mariner Books (original work published 1927).

Gibson, K., & Cartwright, C. (2014). Young clients' narratives of the purpose and outcome of counselling. *British Journal of Guidance and Counselling, 42,* 511-524.

Holland, J. L. (1997). *Making vocational choices: A theory of vocational personalities and work environments.* Lutz, FL: Psychological Assessment Resources.

Holland, J. L., & Gottfredson, G. D. (1996). *Dictionary of Holland occupational codes.* Lutz, FL: Psychological Assessment Resources.

Kashdam, T. B., Barrett, I. F., & McKnight, P. E. (2015). Unpacking emotion differentiation: Transforming unpleasant experience by perceiving distinctions in negativity. *Current Directions in Psychological Science, 24,* 10-16.

Kelly, G. A. (1955). *The psychology of personal constructs.* New York: Norton.

Kolb, D. A. (1984). *Experiential learning: Experience as the source of learning and development (Vol. 1).* Englewood Cliffs, NJ: Prentice-Hall.

LaPointe, K. (2010). Narrating career, positioning identity: Career identity as a narrative practice. *Journal of Vocational Behavior, 77,* 1-9.

Leitner, L.M., & Faidley, A. J. (2003, August). *Emotion and the creation of meaning: An experiential constructivist approach.* Paper presented at the American Psychological Association Convention. Toronto, Canada.

Leising, D., Scharloth, J., Lohse, O., & Wood, D. (2014) What types of terms do people use when describing an individual's personality? *Psychological Science, 25,* 1787-1794.

Madigan, S. (2011). *Narrative therapy.* Washington, DC: American Psychological Association.

Madill, A., Sermpezis, C., & Barkham, M. (2005). Interactional positioning and narrative self-construction in the first session of psychodynamic-interpersonal psychotherapy. *Psychotherapy Research, 15,* 420-432.

Matlis, S., & Christianson, M. (2014). Sense-making in organizations: Taking stock and moving forward. *Academy of Management Annals, 8,* 57-125.

Mayman, M., & Faris, M. (1960). Early memories as an expression of relationship patterns. *American Journal of Orthopyshciatry, 30,* 507-520.

Mosak, H. H. (1958) Early recollections as a projective technique. *Journal of Projective Techniques, 22,* 302-311.

Neimeyer, R. A. (2012). From stage follower to stage manager: Contemporary directions in bereavement care. In K. J. Doka & A. S. Tucci (Eds.), *Beyond Kübler Ross: New perspectives on death, dying and grief* (pp. 129- 150). Washington, DC: Hospice Foundation of America.

Rehfuss, M. (2009). The Future Career Autobiography: A narrative measure of career intervention effectiveness. *Career Development Quarterly,* 58, 82-90.

Rennie, D. L. (2012). Qualitative research as methodological hermeneutics. *Psychological Methods,* 17, 385-398.

Savickas, M. L. (2002). Career construction: A developmental theory of vocational behavior. In D. Brown (Ed.), *Career choice and development* (4th ed., pp. 149- 205). San Francisco: Jossey-Bass.

Savickas, M. L. (2011). *Career counseling.* Washington, DC: American Psychological Association.

Savickas, M. L. (2012). Life design: A paradigm for career intervention in the 21st century. *Journal of Counseling and Development,* 90, 13-19.

Savickas, M. L. (2013). Career construction theory and practice. In R. W. Lent & S. D. Brown (Eds.). *Career development and counseling: Putting theory and research to work* (2nd ed., pp. 147-183). Hoboken, New Jersey: John Wiley & Sons.

Savickas, M. L. (2014). Work values: A career construction elaboration. In M. Pope, L. Flores, & P. Rottinghaus (Eds.). *Values in vocational psychology* (pp. 3-19). Charlotte, NC: Information Age Publishing.

Savickas, M. L. (2015a). Career counseling paradigms: Guiding, developing, and designing. In P. Hartung, M. Savickas, & W. Walsh (Eds.) *The APA handbook of career intervention* (Vol. 1, pp. 129-143). Washington, DC: APA Books.

Savickas, M. L. (2015b). Designing projects for career construction. In R. A. Young, J. F. Domene, & L. Valach (Eds.), *Counseling and action: Toward life-enhancing work, relationships, and identity* (pp. 13-31). New York: Springer Science+Business Media.

Shaw, S., L., & Murrary, K. W. (2014). Monitoring alliance and outcome with client feedback measures. *Journal of Mental Health Counseling,* 36, 43-57.

Stern, D. N. (2004). *The present moment in psychotherapy and everyday life.* New York: Norton.

Stiles, W. B., Leiman, M., Shapiro, D. A., Hardy, G. E., Barkham, M., Detert, N. B., & Llewelyn, S. P. (2006). What does the first exchange tell? Dialogical sequence analysis and assimilation in very brief therapy. *Psychotherapy Research,* 16, 408-421.

Stumpf, S. A., Colarelli, S. M., & Hartmann, K. (1983). Development of the Career Exploration Survey (CES). *Journal of Vocational Behavior,* 22, 191-226.

Watson, J. C., & Rennie, D. L. (1994). Qualitative analysis of clients' subjective experience of significant moments during the exploration of problematic reactions. *Journal of Counseling Psychology,* 41, 500-509.

Weick, K. (1995). *Sensemaking in organizations.* Thousand Oaks, CA: Sage.

White, M., & Epston, D. (1990). *Narrative means to therapeutic ends.* New York: Norton.

Winnicott, D. W. (1969). The use of an object. *International Journal of Psycho-analysis,* 50, 711-716.

第6章

ライフデザイン

21世紀のキャリア介入パラダイム[訳注1]

マーク・L・サビカス

　21世紀に出現したキャリア介入方法としての構成理論やナラティヴ理論は，その理論の内に新しいパラダイムを暗に示す。この論文において，新しい概念モデルを実際の特定の場面から抽出することによって明確にする。介入というパラダイムは，ストーリーからキャリアを構成し，次にストーリーをライフポートレートに構成し，意志を構成して，それによってキャリア・ストーリーを新しいエピソードへと推し進める。

　仕事を選択し，キャリアを構成しようとする個人にとって，21世紀は不安と不確実な気持ちにさせる。20世紀には，安全な雇用と安定した組織によって，生活のための強固な基盤や未来の展望を可能にしてくれたが，21世紀のデジタル革命によって社会の中の職業が新しく配置され直された。そこでは，安定した雇用が一時的な仕事や期間が限定されたプロジェクトによって置き換えられた（Kallenbrtg, Reskin, & Hudson, 2000）。経済のグローバル化によって〈脱職業〉がもたらされ，「不安定な雇用」が生じ，雇用は，臨時の，常雇でない，不定期の，契約の，フリーランスの，パートタイムの，臨時の，不定型な，非常勤の，コンサルタントの，自営の……，などと呼ばれるようになった。労働力は，終身雇用の中核となる労働者たちから一時的に雇用された周辺的な労働者たちへと変化し，合衆国の場合には労働者の半数近くが悪影響を受けている（Kallenberg, 2009）

　雇用者が終身雇用であった20世紀では，官僚的な組織は，それに依存する労働者に，どのように人生が展開するかについての堂々たるナラティヴを提供して

訳注1）介入は intervention の翻訳。本来の意味は「働きかけ」。この論文では，教育，心理テストなど，さまざまなキャリアに対する働きかけの方法の総称として使っている。

いた。今日，個人は，ある仕事の境界内はもとより，ある組織内でさえ，30 年に渡るキャリアの発達を計画することはできない。その代わりに，生涯中に 10 のプロジェクトに関する仕事を割り当てられる可能性がある（Saratoga Institute, 2000）という。合衆国の 4 人に 1 人の労働者は，現在の雇用を開始して 1 年にも満ちていない（米国労働統計局，2004）。不安的な経済状態の新しい労働市場によって，キャリアは一人の雇用主に対しての生涯に渡る献身ではなくて，プロジェクトを完了しなければいけない複数の雇用主たちに対して，技術とサービスを売るのを繰り返すことが必要とされる。最新の雇用の実際を吟味すると，仕事社会の再編成によって，組織とそれに所属するメンバーとの間に新しい心理的な契約が出現した（Rousseau, 1996）。今日，働く人は雇用される能力を備え，生涯学び続ける人でなければならない。そして，ある期間組織に雇われて，感情労働に就き，変化に素早く適応できる専門家としての態度を示す。新しい雇用可能という契約は，人材資源と管理の専門家をしてキャリアを再概念化させて，無境界（Arthur, 1994），変幻自在（Hall, 1996），カスタム化（Benko & Weisberg, 2007），万華鏡（Sullivan & Mainiero, 2008），そしてポートフォリオ（Handy, 1998）と呼ばれるようになった。

　頻繁に起きる仕事上のズレや不安定なキャリアによって，働く人は自分たちの将来を計画したり，アイデンティティを形成したりする際に，漂流状態になる。今日の労働世界に参画するためには，以前にも増して，さらなる努力，より深い自己知識，より大きな自信を必要とする。安定していない職業や頻繁な転職に対処する個人は，キャリアカウンセラーによる実質的な援助をさらに必要とする。著者の意見としては，それは別の種類の援助だと思う。現在，キャリア介入のための 21 世紀の主要なパラダイムは，職業ガイダンスとキャリア教育の 2 つがある。職業ガイダンスが拠り所とするのは，心理的に維持されているパーソナリティ特性やタイプで，それらは心理学的な検査によって客観化されて，長期の在職期間をもたらす安定した職業と適合させることができる。もう 1 つのキャリア教育は，発達課題という予測される軌跡を拠り所にして，成熟した態度や能力を個々人の中に育て，階層組織の内側でキャリアを展開していく準備をさせることを可能にする。しかし，職業ガイダンスによるマッチングやキャリア教育による準備教育は，情報社会の市民が人生を設計する必要性に応えていない。

キャリア介入のための新しいアプローチ

　ポストモダン社会の労働需要が反映して，仕事の型が安定から流動に変化するに合わせて，キャリア介入の方法も変化すべきである。導入と準備というかつての介入パラダイムは，現在の働き手が人生を設計するニーズに応えていない。なぜなら，情報化社会の人生コースが標準化されていないからである（Duarte, 2009）。安定した構造と予想できた軌跡が喪失することで，現代社会の壮大なナラティヴが語る人生コースやよくある構造から人々は切り離されてしまった。こうして発生した人生コースの個別化（Beck, 2002）は，セルフを設計しキャリアをデザインするという介入の科学の必要性を唱えることになった。キャリアの責任は，会社から個人に移動し，そのため，人々は「人生を取得」（Habermas & Bluck, 2000）しなくてはならなくなり，かつて「人生を語る（biographicity）」（Alheit, 1995）とか「アイデンティティ作業（identity work）」（Sveningsson & Alversson, 2003）として知られていたことを使って，人生の転機に橋を架ける必要がある。

　こうした自伝的説明（autobiographical reasoning）とアイデンティティ作業は，差別化，一貫，継続という特色を示しており，これを「アイデンティティ・ナラティヴ」と呼びたいが，この内省的な活動は，人生のストーリーを形成し，維持し，改訂することが伴う。このようなナラティヴのプロセスによって，その人の中にアイデンティティ資本が造り出され，その人は自己の人生ストーリーにアイデンティティ資本を結びつけることができる。そうすれば，その人はアイデンティティ資本とストーリーを投資して，職業の転機と仕事上のトラウマに対処することができるだろう。たとえば，ある仕事から次の仕事に移るとき，自分そのものではないが自分の成し遂げたことを手放す必要がある。もしすべてを手放すなら，その損失は個人を圧倒するものになるだろうが，人生ストーリーとしてのセルフを手放さないことによって，一貫性と継続性がもたらされ，自己の統合性と活力を維持して自己の目的や企画を追及することができる。

新しいパラダイム

　キャリア援助者と研究者は，現在，新しい心理概念を形成している。それによって，クライエントがセルフ感覚や社会的アイデンティティを喪失することなしに，生涯に渡る仕事の変化にうまく対処できるように援助することが可能になる（Guichard, 2005）。クライエントが21世紀に生きる人生をよりよくデザインす

るのを助けるために，多くのキャリア・カウンセラーが注目するのは，パーソナ
リティよりはアイデンティティ，成熟よりは順応，決意よりは意志，スコア（点
数）よりはストーリーである。アイデンティティの構成や順応性，意志，そして
語ることが職業行動を理解するための新しいモデル形成に貢献する。これを「キ
ャリア構成理論」という（Savickas, 2005a）。この職業上の行動を説明する心理
学理論は，「ライフデザイン」と呼称されている認識論的立場に由来し，文脈上に
生じる可能性，力動的なプロセス，直線的でない進展，複数の視点，それに個人
的なパターンに焦点を当てている（Savickas et al., 2009）。キャリアに関連して
言えば，このような構成的な視点で強調するのは，柔軟性，エンプロイアビリテ
ィ（雇用されうる能力），コミットメント，情動知性，それに生涯学習である。本
章は，キャリア介入の新しいパラダイムを初めて紹介するもので，キャリア構成
の心理学（Savickas, 2005b）とライフデザインの認識論（Savickas et al., 2009）
を補完するものである。ここで紹介するキャリア・カウンセリングの概念モデル
は，古いアイデアの上に単に付け加えるものでもないし延長上にあるものでもな
い。ここで提示されるモデルは，キャリア・カウンセリング理論を根本的に整理
し直すもので，キャリア介入を異なる視点から構想し，セルフとアイデンティテ
ィについての新しい前提の上により入念に練られたものである。

自己（Self）

　自分の内面にすでに存在する自己を実現するという現代的な考え方は，20世
紀の後半にはキャリア・カウンセリングの目的を十分に果たしていた。自己実現
という考え方は，それぞれの個人の内面に欠くことができない本質が存在し，そ
れが中核となる不変な自己を構成しているという信念から生まれた（Gubrium &
Holstein, 1999）。しかしながら，21世紀のキャリアは，この信念がポストモダ
ンの信念によって置き換えられた。それは，本質的な自己がアプリオリ（先天的）
に存在しない，という信念である。クライエントはすでに存在する自己を表現す
るために言葉を選ぶのではない。むしろ，クライエントは言葉を選んで自己を構
成し，自己概念を形成する。この視点は，自己をポステリオリ（後天的）なスト
ーリーとして見なしており，固有の性質によって定義づけられるアプリオリな実
体とは見ていない。人は自己を語るときに自己を構成する。自己構成することが
人生のプロジェクトとなる。キャリア構成理論にとって，ストーリーは重大な要
素から構成されている。というのは，ストーリーは自己を構成するだけなく，個

人が主観的なキャリア，つまりその人の働く生活を造り上げる効果的な手段を提供するからである（Young, Valach, & Collin, 1996）。

　自己実現と自己構成は，キャリア介入の視点と展望において根本的に異なっている。自己構成のほうが自己実現よりもより役に立つと思っているカウンセラーもいる。また，慣れ親しんだ自己実現という考え方を捨てたくないと思っているカウンセラーもいる。私たちが現在生きている転機の時代では，実証主義と構成主義という認識論の間で混乱が生じているので葛藤を経験している。それにもかかわらず，最終的には，21世紀に有力なキャリア・カウンセリング・パラダイムは，論理的な実証主義とパーソナリティ（Holland, 1997）というよりは社会構成主義とアイデンティティ（Guichard, 2009）に深く根ざすことになると信じている。

アイデンティティ

　キャリア構成理論では，自己をアイデンティティと明確に区別する。自己は，アイデンティティではなく，アイデンティティに吸収されることもない。キャリア構成理論では，アイデンティティには，人々が社会的役割と関連して自己をどのように考えているかが含まれる。三段論法風に言えば，アイデンティティ形成は，自己という主題（テーゼ）（self＝自己）が社会という反主題（アンチテーゼ）（role＝役割）に出会い，統合（ジンテーゼ）を造り上げる（＝アイデンティティ形成）といえる。個人は，社会心理的な自己を心理的自己と社会的役割と文化表象とに関連づけて形成し始める。やがて，総合的なアイデンティティ語りを組み立てて表現するようになる。自己についての語りは，個人を社会へと向かわせる自己解釈としての自己理解を提供する。語りを通して，個人は自己をまるで他者のように解釈する。近代米国の哲学者・心理学者ウイリアム・ジェームズ（1890）の有名な言葉に「私（I）が私に（me）ストーリーを語る」があるように。個人は，社会集団に参加し社会的な適切な居場所を見つけると，自己のアイデンティティについての語りを実行に移し，改訂をする。個人は，自己の所有する環境，例えば隣人，教会，学校，仕事などと自己とを同一視する。それから，自分たちが公認するコミュニティの範囲内で，目的や価値を探求する。このような視点での職業選択に伴うのは，個人が意味を有する文化に従い，すでに書かれているプロットを採用し，それを彼らやコミュニティにとって大切な職業上の役割内で追及することである。

　アイデンティティは，自己概念よりはさらに変化しやすいが，アイデンティテ

ィに対する強い拘わりは，少なくとも一定の期間に渡り，安定的で重要な意味を
与える。それにもかかわらず，アイデンティティは，文脈に応答するので，社会
的な地位や個人間の対話との折り合いをつけて絶え間なく改訂されるものである。
それゆえに，アイデンティティの発展は生涯に渡るプロセスである。重要で意味
のある新しい経験を，人生ストーリーに適合するように統合するために，人はア
イデンティティを継続的に改訂する必要がある。現在のアイデンティティの内容
が，社会から課せられた新しい一連の要求に直面し，個人を支えきれなくなると，
アイデンティティの発展や改訂の速度が速くなる（Heinz, 2002）。継続すること
が困難なストーリーは，訂正されなければならない。このような事態が発生する
と，人は不安となる。というのは，個人を保護し快適に感じさせてくれるアイデ
ンティティを持てずに，挑戦される状況に遭遇するからである。このような感情
に駆られて，キャリア・カウンセリングを求めてくる人たちも存在する。

ライフデザイン：キャリア介入の新しいパラダイム

ライフデザインという新しいキャリア介入のパラダイムが提示された。科学哲
学者のクーン（Kuhn, 1996）は，パラダイムを，「ある特定の時期の科学と定義
する一連の慣例である」と述べた。パラダイムは，概念モデルであり，その当時
に一般的に広く受け入れられ，たいていの場合は最高の慣行であると見なされて
いる。キャリア介入にとって，パラダイムは一般的に実践されているパターンで，
多くの特定な実践例を含む。あるパラダイムの実践範囲内では，特定の実践例は，
固定したパターンに従って行われることはない。というよりも，包括的な概念モ
デルが現実になったケースは，抽象的テンプレートを創造的に柔軟に応用したも
のである。

職業ガイダンスのパラダイムは,（a）個人の知識を高める,（b）職業について
の情報を増大する,（c）個人と職業をマッチさせる,である。この概念モデルを
実証したものとして,個人と環境との適合アプローチを提唱した Holland（1997）
と Lofquist と Dawis（1991）がいる。

キャリア教育パラダイムは,（a）発達位置のアセスメント,（b）個人をまさ
に始まる発達位置の方法に正しく向ける,（c）これらの課題を達成するための
態度と能力を育成する。このモデルの特定の実例とそれが強調する学習には，次
のようなものがある。「キャリア発達とアセスメント・カウンセリング」（Niles,
2001; Super, 1983），「統合的人生計画」（Hansen, 1997），「キャリア選択カウン

セリングための社会認知枠組み」（Brown & Lent, 1996），「キャリア・カウンセリングの学習理論」（Krumboltz, 1996）に見ることができる。

　私の視点では，21 世紀のクライエントの自己構成とキャリア・デザインに対するニーズを満たすキャリア介入を暗示するパラダイムが出現した。私がこの論文でしようと努めているのは，構成主義者たちがナラティヴ介入の特定な実例を抽出して新しいパラダイムの言語に変換することによって，このパラダイムを明確なものにすることである。そうするために，多少の実例を集めた。新しい概念であると思わせる実例として挙げられるものは，「キャリアスタイル・アセスメントとカウンセリング」（Savickas, 1989），「ナラティヴ・キャリア・カウンセリング」（Cochran, 1997），「構成主義キャリア・カウンセリング」（Peavy, 1997），「目標を志向する活動によるキャリア構成」（Young & Valach, 2004），「私のキャリア影響システム」（McMahon, Patton, & Watson, 2005），「私のキャリアの章」（McIlveen, 2007），「職業活動と個人的計画の発見」（Guichard, 2008），「メタファーの作成」（Amundson, 2010），「キャリア・カウンセリングのカオス理論」（Pryor & Bright, 2010）。これらすべての特定したライフデザイン・パラダイムの実例には，共通する同じ目標がある。それは，自己構成を推し進める意味ある活動，アイデンティティ形成，キャリア構成（Savickas, 2010）を促進することである。それぞれの方法は，自伝的なストーリーを使用してクライエントを導き，曖昧さの中を手探りでシナリオを作成して，過去に成し遂げたことを未来の第一歩を結びつける。やがて，クライエントは，一人ひとりの個人的な真実を表現するところと，正当なアイデンティティと認められるところに伝記的な橋を架けて，過去に成し遂げたことと未来の第一歩とを結びつける。ライフデザインするというパラダイムは，次の介入をする。（ a ）小さなストーリーを通じてキャリアを構成する，（ b ）これらの物語を脱構成して，アイデンティティ・ナラティヴあるいは人生の肖像画となる語りを創造する，（ c ）現実世界での次の行動となるエピソードを導く意図を構成する。これらのそれぞれの要素を次に検討しよう。

構　　　成

　個人は，現在のストーリーからのずれ（dislocation）を感じると，自己の伝記を語るというプロセス（narrative process）を開始する（Heinz, 2002）。個人によっては，アイデンティティを作成する援助としてカウンセリングを求める。ライフデザイン介入は，これらの個人に対して次の 2 つのストーリーを話してもら

う。つまり，現在のストーリーでその人たちにズレが生じた事態と，カウンセラーとともに構成したい新しいシナリオである。

　それから，カウンセラーはクライエントに求めるのは，マイクロ・ナラティヴ，すなわち小さいストーリーを話してもらうことである。小さいストーリーは，自己やアイデンティティやキャリアをどのように構成してきたかの実際を説明する。ライフデザイン介入は，語りに焦点を当てる。というのは，ストーリーは，複雑な社会的交流の中からアイデンティティとキャリアを造り上げる構成ツールとなるからである。ストーリーを語ることにより，自己を作り上げ，クライエントが自分のことをどのように考えているかを結晶化させる。より多く語れば語るほど，クライエントはさらにアイデンティティとキャリアを開発することになる。

　個人は，ストーリーを作成することによって，人生の中で起きた出来事を順番に並べる。個々の教育や過去の位置づけがキャリアという小説の短い物語として見なされるだろう。キャリア構成理論においては，履歴書に書かれた配列は個人が通常考えている事実に基礎のあるキャリアを表明する。

脱構成

　クライエントのストーリーによっては，人生をさらなる高みに導くもう一つの選択肢を抑制して，威圧的な期待感や陰険な考え方を含むものもある。カウンセラーは，クライエントのストーリーが脱構成できて，自己を限っている考え方，範囲を限っている役割，そして文化バリアーを明らかにするかどうかを常に注意深く思考する必要がある。ことに，カウンセラーが敏感にならなければいけないのが，ジェンダー，人種，そして社会的地位に関連する自明の理屈による意味づけである。ストーリーを脱構成する必要がある場合は，カウンセラーがそのストーリーが想定すること，見逃していること，除外していること，忘却あるいは不適切に言及していることをクライエントと話しあうこともある。再構成するとは，ストーリーを破壊することではなくて，そのストーリーがクライエントの考え方に正当に批判することなく大きな影響を与えているのを取り消し，探求をすることである。目標とするものは，異なる意味と新しい知識に接して，可能性を開き，失速しているエンジンを再スタートさせることである。クライエントがどのようにして自身のキャリア・ストーリーを構成したかを傾聴することによって，そしていくつかの考え方や事例を脱構成することによって，カウンセラーは小さなストーリーを大きなストーリーへと再構成する。

再構成

　ナラティヴによるアイデンティティ構成プロセスを経ることで，重要な出来事，何度も立ちあらわれるエピソード，重要な人物，みずからを定義する瞬間，人生が変化する瞬間などが語られる。これをつないでマイクロ・ナラティヴを集合させることができる。マイクロ・ナラティヴを扱う作業を進めると，カウンセラーはストーリーとなる糸を活発的に集めてそれらを一枚のタペストリーとして織り上げて統合された個人感覚を巧みに作り出す。社会環境の中での自己に関する小さなストーリーを統合すると大きなストーリーあるいはマクロ・ナラティヴ，すなわちアイデンティティ・ナラティヴを構成することになる。マクロ・ナラティヴは，経験を再構成し，意味づけをし，価値，態度，習慣といったものを個人の人生ストーリーに積み上げ，大きなナラティヴへと変化させる。人物は，その世界の中ではその人が構成する登場人物となる。ゆえに，アイデンティティ・ナラティヴは，パターンや進展について語るにつれて，社会的存在としての自己ストーリーとなり，人生に個人的な意味づけと社会的な重要性を付与することになる。

　アイデンティティについてのマクロ・ナラティヴは，クライエントの過去を語り，現在へと導き，そして未来へと案内する。そのようにするために，アイデンティティ・ナラティヴは，小さなストーリーを職業のプロットとキャリアのテーマ（主題）を順序立てて際立たせる。ストーリーのプロットは，連続するエピソードの中から，ある事実を顕著に際立つようにして，またあるものを無視して，一貫性のある全体へと構成する。小説家Ｅ・Ｍ・フォスター（1927）は，次のように述べた。ストーリーは何が起きたかを語り，プロットはなぜそのことが起きたかを語る，と。フォスターはプロットとストーリーの違いを例で示している。「『王は死んだ，それから王女が死んだ』はストーリーである。なぜならば，それは順序が記しているのみだからだ。これと比較して，『王が死んだ，それから王女は悲嘆のあまりに死んだ』はプロットである。なぜなら，原因が付け加えてあるからだ」と。

　クライエントからいくつかのマイクロ・ナラティヴ，あるいは小さなストーリーを引き出したあと，最終的には，カウンセラーはそれらのプロットを作成する必要がある（Ricoeur, 1984）。

　「プロットを作る」という意味は，何が起きかについて語るマイクロ・ナラティヴを，なぜそれが起きたかを語るマクロ・ナラティヴの文脈に，あるいは大きな

ストーリーに置き変えることである。エピソードの連続を大きなストーリーにプロットをつくること，説明することによって，リンクの構成と因果の一貫性を経験に付け加える。そうでなければ，経験はランダムに起きたと感じるものである。そのためライフデザインでは，再構成することを，動因，目標，方法と相互作用に形を与え統合して，有意味なアイデンティティ・ナラティヴ，あるいは人生の肖像画を作成することと捉えている。ゆえに，プロットの作成によってクライエントの職業人生の構成されたものから主観的キャリアを再構成することになる。明確になっている職業のプロットは，ある目標を達成し，社会の中で自己をより錬成されたものに仕上げるクライエントの旅を語ることになるだろう。明確にされたプロットは，外的な旅とその出来事が起きた理由を語る。この語りは，これらすべてのことが何を意味するかというキャリアのテーマによって拡大される。つまり，外的な旅ではなく，心の中を見るような内的な旅となり，葛藤とそれに付随する要望と憧れによって形成された感情的な冒険旅行となる。暗示されたテーマは，意味と目的をマクロ・ナラティヴに付け加える。

　テーマは感情的な形態変化を説明するけれども，テーマはプロットよりは時間をより超越していて，より抽象的である。キャリア・テーマは，再発生することによって人生を全体としてまとめる考え方を提供する。キャリア・テーマは，プロットによって支えられ，統制される考え方を明らかにする。このような基底に存在する考え方で編み上げられたテーマ・パターンによって，職業プロットの実際を理解するために使用される根本的な意味のまとまりが提供される。個人が新しい経験を組み込むにつれて，個人は暗に示されたテーマを使って意味のパターンを消化するために，それをプロットとなるエピソードに押しつける。個人が挑戦や分裂に遭遇すると，マクロ・ナラティヴのテーマに存在し再起するパターンがそれらの活動を導き，管理し，維持する。人生を支える中心的な考え方に付け加わるのは，キャリア・テーマが携えるキャラクター・アークである。換言すると，時を経て人はどのように変化するかである。アークは，人がどこから出発したか，現在どうであるか，そして，個人的にその人の中核となる課題に取り組むことで終わる。キャラクター・アークは個人を駆り立てて動かす何らかのフローで始まる。通常，人生において失ったものやその人が憧れて必要な何かから，立ち上がる。この制限あるいは弱みを克服するために，個人はなんらかの目標を達成して，ニーズを満たす。人々は，怖れや制限するもの，阻止するもの，あるいは傷と格闘する。やがて，人々は過去の自分たちよりも大きなものになるにつれ

て，逆境から立ち上がり，弱点を超越する。このように，個人はさらに完全に一体になるために「仕事」を利用しているのである。

共構成

クライエントのマクロ・ナラティヴからアイデンティティ・ナラティヴを再構成した後カウンセラーはクライエントにその人の人生の肖像画の下書きを提示する。それに含まれるものは，職業プロット，キャリア・テーマ，そしてキャラクター・アークである。人生の肖像画をクライエントに語る最初の目標は，カウンセラーによって再構成されたマクロ・ナラティヴについてクライエントに考えてもらうことである。一般的には，人生の肖像画について省察することによって，クライエントはアイデンティティ・ナラティヴを改訂することができる。この改訂には，誤りの修正や，旧い葛藤を受け入れ，自己尊厳を高めて，さらに楽観的な人生観を支える語りや内容の変更を含んでいる。

しかしながら，マクロ・ナラティヴの改訂は，クライエントのライフストーリーを語る正確な言語化以上のことを意味している。クライエントは，人生の肖像画をより生きるに値いするものに修正して，未来にそれを広げていく必要がある。これは，クライエントがカウンセリングに来る理由でもある。改訂することとその作業プロセスを進めるとストーリーの要素を再配列する可能性が開かれる。クライエントとカウンセラーは協働して，選択する際に直面する意味の課題に率直に取り組めるようにする。このようにともに人生の肖像画を構成することによって，現在に生じているズレを取り込み，優先順位を明確にして，主要な傾向を集合させ，変容と発達の可能性を増大させる。このようなことが起きるのは，クライエントが今までとは異なる意味と知識を手に入れて，新しい可能性を開き，停止している先に進む力を再び始動させたからである。新しい言語，新鮮な視点，拡大された展望を手に入れて，クライエントは，自分の意味システムを再び組み直し，次のキャリア・ストーリーのエピソードでは何が問題となるのかを明確にする。そうすれば，クライエントは，プロットやテーマを使って頭上に広がる目標，規則，秩序，確実さ，そして価値を提供してもらい，挑戦や中断に直面する準備が整う。このように自己を明確化することによって，クライエントは自分の意図を自分とカウンセラーに対して伝えることができるようになる。この新しく発見した明快さによって，クライエントは次の場面を想定し，意図を形作り，行動することを開始することができる。

行　　動

　自己についての善きストーリーは，クライエントを勇気づけて，さらに生命力があり，意図に満ちた自己をもって，キャリアの転機を実現する。改訂されたアイデンティティ・ナラティヴにより，個人は過去から呼び起こした力によって不安的な転機に陥ってしまうことにもなる。ライフデザイン介入は，意図と行動に勢いをつけて，前方向に広がる世界へのリンクを構成する。次の場面のスクリプトを作成することがクライエントの経験を前に進めるがゆえに，行動化することによってクライエントは自身を未来の方向で生き始めるようにさせる。そこで，必要とされる行動は，意図を意図に吹き込まれた行動に転換することである（Malirieu, 2003）。行動は，本来的には過去からの意味を含むのだが，人を未来へと連れていく。決意の表明ではなくて，行動によってクライエントは世界に入る（Krieshok, Black, & McKay, 2009）。世界にさらに広く，深く入ることによって，カウンセリングに持ち込んだ質問への解答が得られる。行動することによって，自己形成を進め，アイデンティティの形成を促し，キャリア構成を進める。

　コンサルテーションを終了するために，カウンセラーはクライエントに質問をして，カウンセリングに来た目標を達成したかどうかを質問する。カウンセラーは，通常，いくつかの質問をしてカウンセリングを終える。それらは，共構成したストーリーを強化したものと，それがカウンセリングを求めた理由とどのように関連するかを説明して，何がカウンセリングであったのかを要約するものである。カウンセラーは，次の言葉，緊張，注目，意図，そして拡張を使って，カウンセリングの成果をクライエントに説明することができる。クライエントは，いくぶんか緊張（tension）してカウンセラーとのコンサルテーションに持ち込んだ。クライエントとカウンセラーはともに，キャリア・ストーリーという形で，その緊張に注目（attention）した。それから，ともにその緊張を意図（intention）に再構成した。カウンセリングが進むと，クライエントは緊張を解消するための目的的行動としての自己の拡張（extension）を探求する。

キャリア構成カウンセリング

　すでに述べたように，キャリア介入のためのライフデザイン・パラダイムは，いくつかの実例で暗示されている。ある方法は，背景となるストーリーをより強調するが，多くは職業プロットに焦点を当てたり，キャリア・テーマに光を当てる。

さらにキャラクター・アークに集中する方法もある。同様に，方法によっては，重要な出来事，繰り返されるエピソード，重要な人物，自己を定義する瞬間，あるいは人生を変化させる経験についての物語を引き出すときに，さまざまなストーリーを調べる。この論文で述べられているライフデザイン・パラダイムを基盤にして，著者はもうひとつの特定なキャリア介入の実際を創作して，この抽象的な概念モデルを明示的に応用した。キャリア構成カウンセリング（Savickas, 2011a）は，キャリア・ストーリー・インタビューで始まり，4〜6の質問によってクライエントがいかにして自己とキャリアを構成したかを問う。次に，カウンセラーはこれらのストーリーを脱構成して，それから人生の肖像画として再構成する。それから，クライエントとカウンセラーはこの肖像画を使って意図と行動を共構成する。この意図と行動によってクライエントの職業プロットにおける次のエピソードが開始される。キャリア構成カウンセリングの実演を見れば，カウンセラーはこのライフデザイン介入の有用性を評価することが可能になる（Savickas, 2005a, 2009）。

結　　論

　単純化して説明すると，新しいキャリア介入の一般的モデルは，実際の世界で行動するように導くところの，構成，脱構成，再構成，そして共構成を含む。ライフデザインというパラダイムは，職業ガイダンスやキャリア教育に取り替わるものというよりは，その位置をともに平行して存在するところに置く。その位置は，職業ガイダンス，キャリア教育，ライフデザインを5つのセットよる区別となる特色によって決まる。それらは，「演技者，エージェント（行為の主体），著者」（McAdamus & Olson, 2010）だったり，「客体，主体，企画体」（Savickas, 2011b），「相似性，レディネス，内省性」（Savickas, 2011a），「数値，段階，ストーリー」（Savickas, 2011a），「特性，課題，テーマ」（Savickas, 2001）だったりする。職業ガイダンスは，個人の違いを客観的な視点から見て，クライエントを演技者として，特性の数値によって特色づける。そして，演技者を援助するために，その人と相似する人々を雇っている職業とマッチングする。キャリア教育は，個人の発達という主体的な観点から見て，クライエントをエージェントと見なして，個人のライフステージに適切な発達課題に取り組むレディネスの程度によって特色づける。そして，エージェントを援助するには，その人たちのキャリアを前に進めるために新しい態度，信条，そして能力を授ける。ライフデザインは，社会

構成を計画するという視点から，クライエントを著者と見なして，自伝的なストーリーを語ることよって特色づけられる。この著者を援助する方法は，キャリアを構成する人生テーマについて省察を促すことである。クライエントのニーズと置かれている社会文脈に従って，それぞれのパラダイムを映し出すキャリア介入の方法を応用することができる。職業ガイダンスは，職業と適合させる，キャリア教育は職業の発達を促進させる，ライフデザインは，キャリアを構成すると言えるだろう。キャリア介入のそれぞれのパラダイムは，それがモダニティ・ガイダンス，後期モダニティ教育，あるいはポスト・モダニティ・デザインであっても，その目的に当てはまるならば，それぞれに価値があって，効果がある。

参考文献

Alheit, P. (1995). Biographical learning: Theoretical outline, challenges, and contradictions of a new approach in adult education. In P. Alheit, A. Bron-Wojciechowska, E. Brugger, & P. Dominicé (Eds.), *The biographical approach in European adult education* (pp. 57–74). Vienna, Austria: Verband Wiener Volksbildung.

Amundson, N. E. (2010). *Metaphor making: Your career, your life, your way.* Richmond, British Columbia, Canada: Ergon Press.

Arthur, M. B. (1994). The boundaryless career [Special issue]. *Journal of Organizational Behavior,* 15(4).

Beck, U. (2002). *Individualization: Institutionalized individualism and its social and political consequences.* London, England: Sage.

Benko, C., & Weisberg, A. (2007). *Mass career customization.* Boston, MA: Harvard Business School Press.

Brown, S., & Lent, R. (1996). A social cognitive framework for career choice counseling. *The Career Development Quarterly,* 44, 355–367.

Bureau of Labor Statistics. (2004, August 25). *Number of jobs held, labor market activity, and earnings among younger baby boomers: Recent results from a longitudinal study.* Washington, DC: U.S. Department of Labor.

Cochran, L. (1997). *Career counseling: A narrative approach.* Thousand Oaks, CA: Sage.

Duarte, M. E. (2009). The psychology of life construction. *Journal of Vocational Behavior,* 75, 259–266. doi:10.1016/j.jvb.2009.06.009

Forster, E. M. (1927). *Aspects of the novel.* New York, NY: Harcourt Brace.

Gubrium, J., & Holstein, J. (1999). *The self we live by: Narrative identity in a postmodern world.* New York, NY: Oxford University Press.

Guichard, J. (2005). Life-long self-construction. *International Journal for Educational and Vocational Guidance,* 5, 111–124.

Guichard, J. (Ed.). (2008). *La nouvelle découverte des activités professionnelles et projets personnels [The discovery of occupational activities and personal plans: An updated workshop method].* Paris, France: Ed. Qui Plus Est.

Guichard, J. (2009). Self-constructing. *Journal of Vocational Behavior,* 75, 251–258. doi:10.1016/j.jvb.2009.03.004

Habermas, T., & Bluck, S. (2000). Getting a life: The development of the life story in adolescence.

第6章 ライフデザイン

Psychological Bulletin, 126, 748–769. doi:10.10371/0033-2909.126.5.74S

Hall, D. T. (1996). Protean careers of the 21st century. *Academy of Management Executive,* 10, 8–16.

Handy, C. (1998). *The age of unreason.* Cambridge, MA: Harvard Business School Press.

Hansen, L. S. (1997). *Integrative life planning: Critical tasks for career development and changing life patterns.* San Francisco, CA: Jossey-Bass.

Heinz, W. R. (2002). Transition discontinuities and the biographical shaping of early work careers. *Journal of Vocational Behavior,* 60, 220–240. doi:10.1006/jvbe.2001.1865

Holland, J. L. (1997). *Making vocational choices: A theory of vocational personalities and work environments (3rd ed.).* Odessa, FL: Psychological Assessment Resources.

James, W. (1890). *Principles of psychology (2 vols.).* New York, NY: Henry Holt.

Kalleberg, A. L. (2009). Precarious work, insecure workers: Employment relations in transition. *American Sociological Review,* 74, 1–22. doi:10.1177/ 000312240907400101

Kalleberg, A. L., Reskin, B. F., & Hudson, K. (2000). Bad jobs in America: Standard and nonstandard employment relations and job quality in the United States. *American Sociological Review,* 65, 256–278.

Krieshok, T. S., Black, M. D., & McKay, R. A. (2009). Career decision making: The limits of rationality and the abundance of non-conscious processes. *Journal of Vocational Behavior,* 75, 275–290. doi:10.1016/j.jvb.2009.04.006

Krumboltz, J. D. (1996). A learning theory of career counseling. In M. Savickas & W. Walsh (Eds.), *Handbook of career counseling theory and practice* (pp. 55-80). Palo Alto, CA: Davies-Black.

Kuhn, T. S. (1996). *The structure of scientific revolutions (3rd ed.).* Chicago, IL: University of Chicago Press.

Lofquist, L. H., & Dawis, R. V. (1991). *Essentials of person–environment correspondence counseling.* Minneapolis: University of Minnesota Press.

Malrieu, P. (2003). *La question du sens dans les dires autobiographiques [The issue of meaning in autobiographical narratives].* Toulouse, France: Erès.

McAdams, D. P., & Olson, B. D. (2010). Personality development: Continuity and change over the life course. *Annual Review of Psychology,* 61, 517–542. doi:10.1146/annurev.psych.093008.100507

McIlveen, P. (2007). Counsellors' personal experience and appraisal of My Career Chapter. *Australian Journal of Career Development,* 16, 12–19.

McMahon, M., Patton, W., & Watson (2005). *My System of Career Influences.* Camberwell, Victoria, Australia: ACER Press.

Niles, S. G. (2001). Using Super's career development assessment and counseling (C-DAC) model to link theory to practice. *International Journal of Educational and Vocational Guidance,* 1, 131–139.

Peavy, R. V. (1997). A constructive framework for career counseling. In T. Sexton & B. Griffin (Eds.), *Constructivist thinking in counseling practice, research and training* (pp. 122–141). New York, NY: Teachers College Press.

Pryor, R., & Bright, J. (2011). *The chaos theory of careers.* New York, NY: Routledge.

Ricoeur, P. (1984). Time and narrative. Chicago, IL: University of Chicago Press.

Rousseau, D. M. (1996). *Psychological contracts in organizations: Understanding written and unwritten agreements.* Newbury Park, CA: Sage.

Saratoga Institute. (2000). *Human capital benchmarking report.* Santa Clara, CA: Author.

Savickas, M. L. (1989). Career-style assessment and counseling. In T. Sweeney (Ed.), *Adlerian counseling: A practical approach for a new decade* (3rd ed., pp. 289–320). Muncie, IN: Accelerated Development

Press.

Savickas, M. L. (2001). Toward a comprehensive theory of career development: Dispositions, concerns, and narratives. In F. Leong & A. Barak (Eds.), *Contemporary models in vocational psychology* (pp. 295–320). Mahwah, NJ: Erlbaum.

Savickas, M. L. (2005a). *Career counseling: Psychotherapy training video [DVD].* Washington, DC: American Psychological Association. Available from http://www.apa.org/pubs/videos

Savickas, M. L. (2005b). The theory and practice of career construction. In S. D. Brown & R. W. Lent (Eds.), *Career development and counseling: Putting theory and research to work* (pp. 42–70). Hoboken, NJ: Wiley.

Savickas, M. L. (2009). *Career counseling over time: Psychotherapy training video [DVD].* Washington, DC: American Psychological Association. Available from http://www.apa.org/pubs/videos

Savickas, M. L. (2010). Career studies as self-making and life designing. *Career Research and Development: Journal of the National Institute for Career Education and Counselling, 23,* 15–17.

Savickas, M. L. (2011a). *Career counseling.* Washington, DC: American Psychological Association.

Savickas, M. L. (2011b). The self in vocational psychology: Object, subject, and project. In P. Hartung & L. Subich (Eds.), *Developing self in work and career: Concepts, cases, and contexts* (pp. 17–33). Washington, DC: American Psychological Association.

Savickas, M. L., Nota, L., Rossier, J., Dauwalder, J. P., Duarte, M. E., Guichard, J., . . . van Vianen, A. E. M. (2009). Life designing: A paradigm for career construction in the 21st century. *Journal of Vocational Behavior, 75,* 239–250. doi:10.1016/j.jvb.2009.04.004

Sullivan, S. E., & Mainiero, L. A. (2008). Using the kaleidoscope career model to understand the changing patterns of women's careers: Designing HRD programs that attract and retain women. *Advances in Developing Human Resources, 10,* 32–49. doi:10.1177/1523422307310110

Super, D. E. (1983). Assessment in career guidance: Toward truly developmental counseling. *Personnel and Guidance Journal, 61,* 555–562.

Sveningsson, S., & Alvesson, M. (2003). Managing managerial identities: Organizational fragmentation, discourse and identity struggle. *Human Relations, 56,* 1163–1193. doi:10.1177/00187267035610001

Young, R. A., & Valach, L. (2004). The construction of career through goal-directed action. *Journal of Vocational Behavior, 64,* 499–514. doi:10.1016/j.jvb.2003.12.012

Young, R. A., Valach, L., & Collin, A. (1996). A contextual explanation of career. In D. Brown & L. Brooks (Eds.), *Career choice theory and development 3rd ed.,* (pp. 477–512). San Francisco, CA: Jossey-Bass.

監修者あとがき

　日本キャリア開発研究センター（Japan Institute of Career Development；略称JICD）は，日本におけるキャリア開発カウンセリングの発展に寄与することを目的として，2010年に設立されました。

　欧米では，21世紀の不確実な社会を見据えて，20世紀末頃からポストモダンの思想や社会構成主義を基盤とするキャリア構成理論が提唱され，その知見が積み重ねられてきました。しかし，日本は高度成長期からの終身雇用の体制や社会構造が比較的安定していたことから，その不確実な社会への備えは遅れてきたといえます。

　JICDは，日本においても21世紀の世界経済の急激な変化や発展に対処できるアプローチの必要性を鑑み，キャリア構成とライフデザインのアプローチを日本に導入する活動に積極的に取り組んできました。最初の取り組みとして，2011年に統合的ライフプランニング（Integrative Life Planning：ILP）の提唱者のサニー・ハンセン（L. Sanny Hansen）女史の日本招聘事業を手掛けましたが，サニー・ハンセン女史の健康上の理由で来日は実現できませんでした。しかし，ILP理論を日本の紹介するために，ハンセン女史の名著 *Integrative Life Planning: ILP* を翻訳出版しました（『キャリア開発と統合的ライフ・プランニング：不確実な今を生きる6つの重要課題』）。ILPは，不確実な時代を生きるために，私たちが人生全体を統合して意味あるものとするための視点や課題，具体的なワークを提案しており，ライフデザインを行う上で非常に有用なものです。

　次に，長年の研究成果の蓄積から生み出されたマーク・サビカス（Mark L. Savickas）博士の「ライフデザイン・アプローチ」「キャリア構成理論」に注目し，2013年に開催されたNCDA 100周年記念大会（於：マサチュウセッツ州ボストン）にて，サビカス博士と面談し，翻訳出版について相談した結果，アメリカ心理学会（American Psychological Association；APA）が企画した「心理療法シリーズ（Theory of Psychotherapy Series）24巻のうちの1冊「Career Counseling」を薦められその翻訳準備を開始しました。翌2014年のNCDA大会（於：カリフォルニア州ロングビーチ）の会合では，「ライフデザイン・アプローチ」を日本に紹介することはJICDとサビカス博士とのコラボレーションとすることが確認さ

れました。また，サビカス博士より，日本でのよりより発展を目指すための3つの宿題をいただきました。1つめは「ライフデザイン・アプローチ」の理論編として指定する論文と「Life-Design Counseling Manual」を翻訳して日本に紹介すること。2つめは，人生の主要な転機である学生が社会人になる時，中年の転機，退職後の転機について，日本社会に応じたナラティヴを検討すること。3つめは，日本文化におけるサビカスの自己構成理論の展開についての検討を行うことです。

2015年7月に "Career Counseling" の翻訳本である『サビカス　キャリア・カウンセリング理論〈自己構成〉によるライフデザイン・アプローチ』を出版し，NCDA大会（於：デンバー）にてサビカス博士に報告しました。サビカス博士からは，日本での Life-Design Counseling（Career Construction Interview）ができるトレーナー育成についても協力する旨の話があり，サビカス博士と協働で活動しているコロラド大学のケビン・グラービン（Kevin Glavin）博士をご紹介いただきました。これらサビカス博士との一連の交渉は水野修次郎先生がご担当くださいました。

今回の出版は，サビカス博士からの1つめの宿題である「ライフデザイン・アプローチ」の理論編として指定する6章論文と Life-Design Counseling Manual を翻訳して日本に紹介することを果たすことになります。

また，この出版に合わせて，JICD は一般社団法人日本産業カウンセリング学会との共催で，ケビン・グラービン（Kevin Glavin）博士を日本に招聘し，ライフデザイン・カウンセリングのトレーナー養成のための本格的なワークショップを実施いたします。

このように，JICD は，サビカス博士やケビン・グラービン博士，その仲間達とのコラボレーションによって，ライフデザイン・カウンセリングが日本文化に応じて普及，発展することを目指して活動しています。

今後，第2，第3の宿題を皆さんとともに果たしてゆきたいと思います。

謝辞

本書の出版には多くの方々のご支援を賜り厚く感謝いたします。

特に，マーク・サビカス博士は，JICD とのコラボレーションを実現くださいました。前回の出版に加えて，「ライフデザイン・アプローチ」の理論論文や Life-Design Counseling Manual の翻訳を許可していただき，また日本読者へのメッセージ「親愛なる大切な同僚へ」をいただきました。

監訳者の水野修次郎先生は，長年にわたりサビカス博士との交流を担当していただきサビカス博士とのコラボレーションの関係を構築していただきました。また，監訳者として，難解な専門分野の文章にも関わらず，日米の文化を考慮した綿密でわかりやすい翻訳を翻訳者の加藤聡恵さんとともに完成していただきました。

皆さんのご協力・ご尽力に心から感謝を申しあげます。

解題

Savickas 博士からの宿題

水野修次郎

　本書を手にしている人は，すでに『サビカス　キャリア・カウンセリング理論』（福村出版，2015 年）を読んだことがあると思う。サビカス博士の理論は，理解が進むにつれその奥行の深さに驚かされる。Savickas 博士のキャリア・カウンセリングは，自己構成するように実践される。この自己構成は，21 世紀の課題でもある。本書は，サビカス理論を実践するマニュアルとなりガイドとなる本である。自己構成カウンセリングを日本に定着させるにはいくつかの課題がある。このことに関して，Savickas 博士からは，以下の 3 つの宿題をいただいた。

　1 つ目の宿題は，自己構成理論の時代背景の理解である。そのために推薦されたのが「ライフデザイン―21 世紀のキャリア介入パラダイム」という本書 6 章に掲載してある論文だ。これを読むと，自己構成カウンセリングの背景を理解することができる。理解するためのポイントは，「21 世紀を生きる意味」と「自己観の変化」の理解である。Savickas 理論を理解するためには，21 世紀とはどのような時代なのかを理解することが，前提となる。

　2 つ目の宿題は，転機と自己構成の理解である。転機には大きく 3 つの時期がある。自己構成のカウンセリングは，それぞれの転機に関連するナラティヴを集めて実際の展開を詳しく検討する必要がある。3 つの転機を以下に論じよう。

①学生から社会人になる転機。この転機では，自分の生まれてきた意味，どのような職業が適性があるのか，何をしたいのかが問われる。
②中年の転機。この転機では，これでいいのか，他に人生はないのか，本当の自分ではないのかという問いに出会う。
③退職後の転機。この転機では，アイデンティティの再構成，生きる意味に再び直面する。人生の統合に成功するか，あるいは希望を失い絶望する可能性もある。

　このような転機を経験すると，自己のライフテーマを再確認する必要が生じる。Savickas 博士は，日本における転機と自己の再構成についてのナラティヴを集めることを提案した。

　3 つ目の宿題は，文化が自己構成にどの程度とりこまれているかのアセスメントで

ある。日本文化の中で成長した人には自己構成に大きな影響があることが想定できる。しかし，個別性があることも想定できる。日本の文化影響によって，Savikcas 博士の自己構成理論はどのように展開するのかを検討する必要がある。

以下にこれら 3 つの宿題に対する，今までの検討を論じる。

宿題その 1 ：21 世紀に生きる意味

21 世紀を象徴する概念は，まず「無境界」（Michael Arthur, 1995）がある。21 世紀には，個人はどの会社に縛りつけられることなく，キャリアを積んでいく個人が主体となる。会社は，社員を終身雇用することを止めてしまい，個人はキャリアの 10 年後，20 年後の確実な予測をすることができなくなってしまった。確実に階層社会を上昇し，自己の人生目標を達成するという確かな目標の喪失である。次に，「変幻自在」（Douglass T. Hall, 1996）がある。社会は，その表情を常に変化させる。その本質を見抜くことが難しい。個人は自己のエンプロイアビリティ（employability）を向上させて，スキルのアップ，キャリアアップを図る。もはや，会社は個人のキャリアに責任を持たない。個人が安心を得る方法は，唯一，自己のスキルを向上させることとなった。以上をまとめると次のようになる：

・予測できるステージモデルの時代の終焉。
・変幻自在，無境界の時代。
・キャリアは，自己形成する物語となる。
・セルフは，演じる役者，主体，著作者となる。
・キャリアは，階梯を登るプロセスではなくて，働く人生について語る物語となる。

自己観の変化

1950 年代は，理解しやすい時代であった。個人は，適性や能力を分析して数量的に測定をして理解できた。知能指数などは，この時代の産物である。社会環境もわかりやすく分析できて，この仕事は IQ どのくらい必要かと明確に理解できた（self as object）。

1970 年代になると，主体的に行動する個人観が大切にされた。このころ生まれたのが自己実現という概念である。社会は階層によってできていて，高みへ登ること，自己を実現（self as subject）することが人生の意味になった。成功の階段を登るというのがこの時代の典型である。

1990 年の後半から，世界は変化し始めた。情報化や，グローバリゼーション，脱産業社会となり，一生涯同じ仕事をし続けることが難しい時代となり，社会は不安定となった。会社は，社員のキャリアに責任をもつことを止めてしまい，生涯雇用

1950年代の教育
・同じ型の人間を大量生産する

1970年代　予測可能な未来
・退職
・部長　空の巣症候群
・課長　子育て
・係長　結婚

・新入社員

も怪しくなった。そして，社員をそれぞれの職場で訓練するいわゆるOJT（on the job training）を止めてしまい，外注に走ることになる。このような時代で，自己の人生を生きるという課題は個人に突き付けられた。つまり，個人の生涯が個人の責任となったのである。1950年代は，個人の能力は遺伝や環境によって決定されていたと考えられ，1970年代は，主体的な個人が努力し階梯を登ることで幸福になれると信じていた。

21世紀は，個人の内側に構成した人生シナリオがそのまま実現する時代となった。つまり，個人のシナリオを構成し，自分の人生に責任をもって生きることが個人のプロジェクトとなったのだ（self as project）。

21世紀のカウンセラーの役割

カウンセラーは，従来の仕事に加えて，クライエントの生きる意味や人生シナリオ作成の援助をする技術が必要となった。21世紀のカウンセラーには，新しい役割がある。それは，クライエントのライフデザインを援助して自己構成をともにするという役割である。

ここで，自己構成カウンセリングの特色をまとめてみよう。

- 自己は構成されたもの，あるいは構成していくもの，さらにクライエントとカウンセラーがともに構成するものとしている。
- カウンセラーは，人生の肖像画を描く専門家としている。クライエントは，自己の物語を語る専門家である。カウンセラーは，人生のシナリオ作成の専門家，ライフデザインカウンセラーという専門家になる。また，援助を受ける人であるクライエントは，自己の伝記を語る人で，人生の台本を改訂する人である。
- 自己は，構成する，構成していくものである。アイデンティティには，他者により構成されたアイデンティティや社会役割としてのアイデンティティがある。自己はそれらの他者によって構成されたアイデンティティと対話をして，どれを自己アイデンティティに取り込むかを交渉する。
- ここで重要なのは，人生はアプリオリに決まっているものではない。構成し，後天的に選択されたものと考えることである。

このモデルを図にすると次のようになる。

自己構成──21世紀のモデル
・環境からの取り込みで自己構成

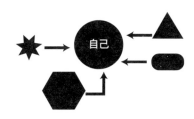

意味に焦点
著者は，人々が自らをどのように構成しているかに関心がある。カウンセリングにおいては，その人の構成のしかたを変化させることが大切だと思う。つまり，カウンセリングはクライエントとカウセラーの間で，人生を共同構成するという作業である。「無知のスタンス」をとり，特定の理論によって枠づけされた見方をしない。共同の意味生成をする作業をする私たちが，過去の何らかを記述したり説明したり，あるいは別の方法で表現したりする時，同時に，自分たちの未来をも創造している。

未来の創造とは，幅広い選択肢を生み出すことである。多様なものの見方に接することによって，さまざまな行為の可能性が開ける。たった一つの真実ではなくて，たくさんある真実の一つを見出す。それによって開放される。「信念」だと思っていることでも他者から獲得した声を反映したものである。内なる他者の声にほんの少し耳を傾けられるだけで代替案を見出すことができる。

マイクロストーリーからマクロストーリーへ
人生のそれぞれの発達時点で経験する小さな物語が自分の人生テーマという大きな物語に統合されていく。その時に生まれるのが内省性である。

内省性とは，自己反省（reflexivity）であり，自己の人生台本を改訂することである。以下に内省性の特色をまとめよう。

・選択と設計を自伝的語りに基礎を置く。
・問題からいったん外に出てながめる。
・人生に対する態度，価値感，考え方，複雑な役割の理解，他者との関係などを内省して改訂すること。
・つまり，自己構成プロセス，自伝的語り。
・より適応した行動を促進する新しい状況。
・視点を明確に，目的を表現する，可能性に光を当てる，意図に形を与え，コミットメントする一本の金糸によって縫われて，構成されたパターンは，テーマ

と呼べる。

・テーマは，過去の記憶，現在の経験，未来の希望に個人的な意味を与える。

・語ることによって発見されたアイデンティティによって，自己は統合された，全体として現わされて，自己を展望し，他者に自己を語る重要な手段となる。

カウンセリングモデルの変化

21世紀のカウンセリングモデルは，社会構成理論を特色とする。以下は，社会構成主義を主張するガーゲン（Gergen, Kenneth J, 1994）の説である。

社会構成主義の4つのテーマ

1）私たちが世界や自己を理解するために用いる言葉は，「事実」によって規定されない。言語は世界をありのままに写し取るものではない。「いかなる状態に対しても，無限の記述や説明のしかたがある。そして，そのどれか1つが，「今日の前にある状況」を正確に書き表したり，ありのままに映し出したり，その特徴をとらえたりするという意味で優れていると主張することはできないのです」

2）記述や説明，そしてあらゆる表現の形式は，人々の関係から意味を与えられる。「言語を含むあらゆる表現は，人々の関係の中でどのように用いられるかによって，その意味を獲得する……」。「意味は，人々の関係の中で——人々の同意，交渉，肯定によって——作り出されるのです」

3）私たちは，何らかを記述したり説明したり，あるいは別の方法で表現したりする時，同時に，自分たちの未来をも創造している。「例えば，今日でもなおキリスト教に力を与え続けようとするならば，その意味を再構成していくことが必要になります」「親しい関係を維持するためには，常にその意味（例えば『私たちはお互いにどういう存在なのか』）を再構成しなければならないのです」

4）自分たちの理解のあり方についての反省することが，明るい未来にとって不可欠である。

何がよい理由，よい根拠，良い価値かは暗黙の同意ができている。ディスコース（discourse）という台本になっていて，その外にあるものを見落とす。社会構成主義は内省性（reflexivity）を用いて，現実をみる別の枠組みを見る。事実，心理，正義，どうしても必要なものをすべて疑い，それらを歴史的，文化的に創り出されたものであると理解し，異なる伝統間の対話を促進する。

宿題その2：人生の転機

人生では，いろいろな生活上の出来事に毎日のように起き，変化しているものであ

る。ところが，われわれが感じる「転機」は精神上の出来事であり，それはすなわち，心理的に変わること，変化が受け取られたことである。ブッリジス（Bridges, W., 2004）によると，何かが終わる時期には，何かからの離脱などの象徴的な「死」が生じて，馴染みのアイデンティティを喪失する体験をするという。人によっては，危機感で覚醒を体験することもあるが，大部分の人は，危機により，方向感覚を失い，どこに向かっていけばよいか悩む。その後，混乱や苦悩の時期（孤立の時期），空白，経験したことがない不思議な体験，深刻な空虚感を感じる。

転機を経験する時は，現在の自分は本当の自分とはズレ（dislocation）があると感じる。次に空白の期間が続く。しばらくの空白の後に，新しい始まりの時期を迎える。本当の自分になって，活動を始める時期である。ところが，始まりは内的な抵抗をともなうことがある。人生の新しい章が始まるが，行動した結果を確認する作業が必要になる。何かを始めるためには，何かを手放すことも意味する。

シュロスバーグ（Schlossberg, N. K., 2008）によると，人生の変化は次のように分類できる。

① Event：予期したことが実際に起きること。例えば，結婚，昇給，育児のように発達課題が個人に起きることを意味する。
② Non Event：予期したことが実際に起きないこと。結婚しない，昇給なし，子どもが生まれないなどように，発達課題で想定されていることが起きない場合がある。
③その結果として起きる人生や生活の変化を意味する。

変化には，予期していなかったことが起きる場合，自らの決断で起こしたできごと，人間の発達プロセスで起きることがある。

転機の時期には，自己のライフテーマに触れることによって，自己を内省して，人生を再構成する必要がある。

大学生の転機

大学生は，それほど転機は経験していないと思われるが，実は親の転機の経験が大学生の成長に大きな影響が与えられている。親の離婚による生活の変化，親の仕事の変化による経済状態の変化や転校経験がある。また，親の心身の健康が子どもの成長に影響がある。

杉浦（2004）によると，大学生の転機になった出来事は，人との出会い（師，親友），浪人・受験，人間関係のもめごと（いじめを含む），環境変化（入学・進学・転校など），話し合い・自己開示，死・病気（自分および肉親，友人とう）などがある。転機による変化に対する態度としては，自分が変わったことに気づきそれを肯定

的に受け入れる，変わりたい自分が変わる，成長の自己認識，転機によって自己構成する，転機における偶然的なジャストミート，真の自己の回復が報告されている。偶然的なジャストミートとは，求めているものが偶然に手に入ったと感じることであるが，人によっては，運命的な出会いと感じられることである。これは，クランボルツ（Krumboltz, 2004）の言う「計画された偶然性」にも似ている。絶好のチャンスを偶然につかみ取った感じなのだろう。これらの発達段階の転機は，成長の物語として語られることが多い。

Savickas は，ライフテーマに触れることが自己内省となり，その人の人生を活性化させるとする。次のいくつかの例をみてみよう。

ある女性は，大学を卒業してこれからの職業を考えている。本当は大学院に進学したいのだが，2 人いる弟たちの学費がかかるので，自分の今までの生き方である家族の犠牲になって，自分のやりたいことを主張しない生き方を選んだ。しかし，彼女は——自分が好きなアニメのヒーローのように犠牲を払ったのに，いつまでもみじめな気持ちに支配されていた。アニメの主人公たちは，他者に犠牲を払うが，有能でみじんもみじめなところがない。なのにどうして，自分はいつまでもみじめな気持ちのままなのだろう——このような洞察を得て彼女は，有能であることを望み，みじめであることをやめることにした。この洞察が，自己の人生台本を脱構成させた。彼女は翌日に髪を切って，部屋の掃除をした。自分も能力を高める必要を感じたのだった。

ある青年は，子どものころ病弱で入院体験が多かった。いつも「調子にのるな」「踏ん張れ」と自分に言い聞かせていたので，フローにまかせて楽しんで仕事をすることができなかった。この青年も脱構成をして，義務としてやっていた仕事を，楽しむように方向転換をした。これには，この青年が楽しむジャズ音楽にヒントがあった。ジャズは，決められて楽譜通りに演奏することよりも，アレンジして演奏することを楽しむ音楽である。彼は，ライフテーマは，ジャズのようになるべきだった。自分のしたいことができる，自由なアレンジによる表現ができることであった。

中年の転機

中年期危機の構造（岡本，2002）によると，身体感覚の変化の認識に伴う危機感，自分の再吟味と再方向づけへの転換期，軌道修正・軌道転換期であるとされる。心理的には，自分の限界を自覚し，体力の衰えを感じ，子どもも自立し，空の巣症候群を経験して，職業としても昇進または挫折を経験する。

さらに，この年代は一度失業すると再就職は難しいという特色がある。しかも，自分が組織にとってかけがえのない人間だと思っていたのに，リストラにあってしまう。信じていた組織から軽視されると落ち込む。中年は，うつ病や適応障害，自殺などの不適応が発生する時期でもある。

ある女性は，才能にあこがれ才能豊かな男性を結婚する。やがて，彼女が求めてい

たのは，この男性の才能であると気づく。残された後半の人生で，彼女は自己の才能の発展に全力を傾けている。

また，ある女性は，若い頃より現実生活と現実的でないある特定の執着とのギャップに苦しんでいた。彼女は，現実的に生きようと決めて，空想や詩的なものへの執着を否定した。ところが，中年になり，自分らしく生きていこうと考え，抱いていた「執着」を職業にすることによって現実との統合を図った。

退職後の危機

退職も多くの危機をもたらす。人生役割の変化，人間関係の変化，日常生活の変化，自己概念の変化が同時に発生する。サードエイジの考え方（Walker, 1996）によると，5D，つまり decline（衰退），disease（病気），dependency（依存），depression（うつ），decreptitude（老いぼれ）よりは，5R，つまり renewal（再新），rebirth（再生），regeneration（再興），revitalization（再活性），rejuvenation（復活）というように転換する時期として積極的にとらえる。

現代は，ライフステージの予測が難しなってきている。発達段階もボーダーレス化して，発達段階の区分を再検討する時代となった。個人差の大きくなるのがこの退職後の人生である。シュロスバーグ（Shlossberg, 2004）は，退職後の人生には 4S が重要であると指摘している。それらは，Situation（状況），Self（自己），Supports（支持くれる人，物），Strategies（戦略）である。

Situation（状況）：退職したときの環境はどうか。会社や家族に対する責任があるのか，退職は強制が自主的か，健康か，その他のストレスはあるか。

Self（自己）：個人の強みは何か。資源があるのか，回復力があるのか。忙しくないといけないのか，自由な時間は使えるのか。目標を設定する必要はあるのか。趣味や友人はいるのか。

Support（支持）：財政的に安泰か。理解してくれる家族はいるのか。地域社会はあるのか。友人はいるのか。

Strategies（戦略）：状況を変える手段はあるのか（交渉，行動，アサーション，ブレインストーム），状況をリフレームできる，ユーモアがある，リラクゼーションスキル，運動できる，相談を受けるなどができる。

ある 60 代後半の男性は，退職のために準備をしていなかった。彼は常に挑戦することを生き方にしていて，50 代ですでに，過去の栄光にしがみつかないことを決めていた。絶えず，生まれ変わり，挑戦することをモットーにしているからだ。しかし，最近，身体的な衰えを感じてきた。50 代のように常に活動的に働くことはできない。この男性の課題は，捨てるものは何かを決めること，終了したものを明らかにするこ

と，自分の感情を受け入れること，安定しているもの，維持しているもの，継続するものを明らかにすることであった。

何を選択するか，これからの生活をどのように設計するかは，この男性が自伝的物語をどのように語るかにその基礎がある。いったん，現在の問題から外に出てながめること。自分の人生に対する態度，価値感，考え方，複雑な役割の理解，他者との関係などを内省する作業が必要となった。

退職後のアイデンティティ形成は自己主題（self＝自己）が社会という反主題（role=役割）に出会い，統合を造り上げる（アイデンティティ）といえる。自己についての語りは，自己解釈としての自己理解を提供する。

宿題その３：文化の取り入れの程度

異なった文化に属する人々は，それぞれ異質な自己概念をもっており，こういった自己概念の相違が，個々の人間の行動のすべてに影響をおよぼしている。北山とマーカス（Kitayama, S., & Markus, H. R., 1994）は，相互独立自己観（independent construal of the self）と相互協調的自己観（interdependent construal of the self）という２つの自己概念を提示した。それぞれの自己は以下の特色を示す。

> 相互協調的自己観：基本的な人間の繋がりや個人の相互依存を維持する。所属する集団や関係性を維持する。お互いの気持ちを察し，共感する。課せられた役割をこなし，文化に適応する。
> 相互独立自己観：独立した自己解釈の特色は，自己の中に他者が入り込むことはなく，個人は自律的で独立した人間として機能する。

日本は，どちらからというと相互協調的な自己観という特色があると見なされている。これを図示すると以下になる。

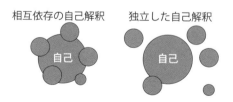

つまり，相互依存では，周りの人間（親，友達，先生，その他）が自己の内部に入り込む。

例えば，子どもは親の目標と個人の目標を共有するとか，子どもの栄誉が親の栄誉となるなどの特色がある。一方，独立すると個人の内面に他者が入り込むことなく独

立した自己として機能する。

人は，ロールモデルの真似をして，技術，能力，習慣を形成する。ロールモデルは個人の内面でその人のアイデンティティとして統合されていく。次第に，人は社会の中での評判を形成して，それが社会カテゴリーを形成して，その人の人となりとなる。

子ども時代に内側に形成された主体としての感覚としてのセルフは，学校やコミュニティに拡大されていく。このセルフという感覚によって，個人は社会へと統合される。さらに，職業の中で自己を試してみる。この際に次の3つの概念が個人の自己語りに影響がある。

アイデンティティ・ナラティヴ：個人が直面する課題，トラウマ，転換について
　語る物語。
キャリア・テーマ：キャリア・ナラティヴに一貫性を与えるテーマ。「私は〜に
　なる（役者の名声），〜する目的で（主体者の目標），そしてそのプロセスで〜
　（著作者のテーマ）する」。
人格のアーク：大きな物語すべてに広がる意味やテーマに影響を与える個人のパ
　ーソナリティ。

社会の中のセルフの自己理解と社会の中における役割理解が時々セルフと役割との間に葛藤を経験することがある。つまり，セルフ，文脈，文化の出会うところで，人はアイデンティティを形成する。その際に，個人は選択とコミットメントを通して，内的ニーズと外的要求の同調を通して，自己を形成する。

カウンセラーは，個人が文化をどの程度，自己に取り入れているかをアセスメントする必要がある。その際に注意してほしい点は，親とロールモデルの取り入れの違いである。ロールモデルは最初のキャリア選択に影響を与える。両親はガイドとして内面化されるが，アイデンティティに統合されることはない。一方，ロールモデルはアイデンティティに統合される。

日本のクライエントには，ロールモデルを英雄というよりは「あこがれる人」と表現したほうがわかりやすい。尊敬する人となると，その人をうやまう，関係性の上下関係を意味する場合もあるので，「両親を尊敬する」は一般的な会話でも使われる。「あこがれる」は魅力を感じて強く惹かれるという意味になる。その人がいると安心する，頼りになる，その人のようになりたい，などのほうがもっとわかりやすい場合もある。英語の respect とか hero の感覚がつかみにくい。その人が〈誰か〉よりは，その人のどのような特質を自分のものとしてアイデンティファイ同一視する資質に注目してほしい。

日本の文化では，親が hero あるいは respect する人になる場合はありえると思う。その場合は，慌てずに，どの特質に惹かれているのかを探して，適切な形容詞を見つ

けるとよい。

まとめ

以上，Savickas 博士からの３つの宿題について解答をした。実は，まだ宿題が残っている。ひとつは，３つの転機の物語をベースにした，ナラティヴを集める，また，その自己構成カウンセリングの DVD を複数作成する仕事が残っている。さらに，このマニュアル本を使って，トレイナーを育成する仕事が残っている。これと同時に，日本でも自己構成カウンセリングのナラティイブをできるだけ多く集めて，全体としてのキャリアの大きな物語りを構成する必要がある。つまり，実証研究の集積を意味する。自己構成カウンセリングを豊かで深みのあるナラティヴにするのは，読者のみなさまの力が結集されることが必要不可欠であることを，最後に指摘しておこう。

文　　献

Arthur, M. (1995). *The Boundaryless Career: A New Employment Principle for a New Organizational Era Career*. NY: Oxford Press.

Bridges, W. (2004). *Transitions: Making Sense of Life's Changes*. Da Capo Press.（倉光修・小林哲郎訳（2014）．トランジション―人生の転機を活かすために（フェニックスシリーズ）．パンローリング．）

Hall, D. T. (1996). Protean careers of the 21st Century. *Academy of Management Executive, 10* (4), 8-16.

Etzioni, A. (1998). *The New Golden Rule: Community and Morality in a Democratic Society*. Basic Books.（永安幸正監訳（2001）．新しい黄金律（ゴールデンルール）―「善き社会」を実現するためのコミュニタリアン宣言．麗沢大学出版会．）

Freedman, J., & Combs, G. (1996). *Narrative Therapy* (p.268). W. W. Norton, .

Gergen, K. J. (1999). *An Invitation to Social Construction*. Sage Publication.（東村知子訳（2004）．あなたの社会構成主義．ナカニシヤ出版．）

Hansen, S. L. (1996). *Integrative Life Planning: Critical Tasks for Career Development and Changing Life Patterns*. Jossey-Bass.

金井壽宏（2001）．働く人のキャリアデザイン．PHP 新書．

Kitayama, S., & Markus, H. R. (1994). *Emotion and Culture: Empirical Studies of Mutual Influence*. American Psychological Association.

Krumboltz, J. et al (2004). *Planned Happenstance*. CN: Impact Publishers.

岡本裕子編（1998）．女性の生涯発達とアイデンティティ．北大路書房．

小田利勝（2004）．サクセスフル・エイジングの研究．学文社．

Hoffman, R. (2014). *The Alliance*. Harvard Business Review Press.

Savickas, M. (2012). Life Design: A Paradigm for Career Intervention in the 21st Century. *Journal of Counseling & Development, 90* (1), 13-19.

Savickas, M. L. (2011). *Career Counseling*. American Psychological Association.

Shlossberg, N. K. (2004). *Retire Smart Retire Happy: Finding Your True Path in Life.* American Psychological Association.

Schlossberg, N. K. (2008). *Overwhelmed: Coping with Life's Ups and Downs.* M. Evans.

Shone, D. A. (1983). *The Reflective Practitioner: How Professionals Think in Action.* Open Library.（佐藤学・秋田喜代美（2001）.専門家の知恵―反省的実践家は行為しながら考える.ゆるみ出版.）

杉浦健（2004）.転機の心理学.ナカニシヤ出版.

高橋祥友（2000）.中年期とこころの危機.NHK Books.

お知らせ

「私のキャリア・ストーリー」

ライフ・キャリアを成功に導く自伝ワークブック

「ライフデザイン・カウンセリング」を実際の面接場面で活用するために，サビカスらの手で作られたのが，「私のキャリア・ストーリー」ライフ・キャリアを成功に導く自伝ワークブックです。これは，16 頁からなる面接時の記録用紙（冊子）であり，面接が無事終了したときには，クライエントの新しい伝記ともなるものです。また，面接だけでなく，個人で行うことや，グループや授業や研修などでも利用することも可能です。人生の意味や目的を探し，強化するときに，ガイドブックとして使ってみるのはいかがでしょうか。

全 16 頁の冊子で，英語版のみ用意されていましたが，今回の翻訳を機に，日本語版の作成をしました。ご活用していただければ幸いです。

監修者

入手方法

『「私のキャリア・ストーリー」ライフ・キャリアを成功に導く自伝ワークブック』を 10 冊 1 セット，2,800 円（税別）で遠見書房より販売します。A4 サイズとなっています。

購入方法は，現在のところ，ネット書店 amazon か，遠見書房からの直接販売のどちらかです。

直接販売の場合は，小社の販売サイト「遠見書房の書店」（https://tomishobo.stores.jp）をご覧ください。「サビカス」や「キャリア」で検索をしていただくのが早いようです。

お問い合わせは，電子メール（tomi@tomishobo.com）か，FAX（050-3488-3894）でお願いします。

私のキャリア・ストーリー

My Career Story

ライフ・キャリアを
成功に導く
自伝ワークブック

MCS

使用方法

MCS（My Career Story）ワークブックは、個人、グループ、教育者たちが、自己内省を促して人生の意味や目的を探し、強化するときに、ガイドブックとして使えます。

☑ **個人**：MCS を個人で活用して、自身のライフ・キャリアのストーリーを語り、それに耳を傾けることで、一緒に明確化されたストーリーを再構築することができます。さらに、そのストーリーを仕事まで実際に実践する方法を見つけることができます。そうすることで、あなたは、仕事を活用して自分が働きたい人になれる方法をよりよく理解することができるでしょう。

☑ **グループ**：MCS をグループで用いて、グループメンバーたちの自身のライフ・キャリアのストーリーを語り、耳を傾け、より明確化されたものを再構築するために使うことができます。グループ内の一人ひとりは、グループを総聴手として引き込み、ストーリーを聴いてもらい、ストーリーを語って実践する意味のあるものにしてもらいます。グループメンバーは、順番にその他のメンバーの聴聴者となり、他のメンバーが語るストーリーに耳を傾け、省察します。

☑ **教育者**：MCS を高等学校や大学の授業として、あるいは学習活動として、キャリア教育の導入や教育として利用することで、学生たちは新たなライフ・キャリアのストーリーを語り、それに耳を傾け、そしてよりよく明確に理解されたものを再構築することで、学校や仕事でこれらのストーリーを実践する意味を高めることができます。

全般的な指示

MCS は、3部で構成されています。

PART I　私のストーリー：あなたについてのいくつかの質問をします。それぞれの質問に答えることで、あなたのライフ・キャリアのストーリー全体を構成する一部分を作成できます。

PART II　私のストーリーに耳を傾ける：あなたは Part I で記入した回答を使って、あなたのキャリアのストーリーを一緒に明確化した、理解を深めたものとして語ることができます。そうすると、あなた自身について、あなたの興味関心、あなたの人生のテーマをよりよく理解するでしょう。Part I であなたが語ることと Part II であなたが構成したポートレイト（自己像の描写）とが一体となって、自身が演じるライフ・キャリアのストーリーの主人公がどのような人であるか、仕事の世界でどの場所にもっともいたいと望むのか、あなたの自身をどのような仕事の場所に関係づけたいと本当に思っているのかを実感させてくれるように。

PART III　私のストーリーを実現する：あなたのストーリーを実践する現実的な計画を作成する。

目　的

自分のキャリア道程について計画を立てたり、それを決定するための道標を必要とすることは多いです。必要となる道標には、どのような仕事をしたいか、どのように実際する方法があるのかについて考えるなかのガイダンスが含まれます。同様に、計画を作成して、未来をコントロールして望んでいるという感じたい、可能性のあるキャリアを探索したい、やりたいことを実行する自信を築きたい、行く手を阻む問題を解決したいなど、が含まれるでしょう。多くの人たちと同じく人生の転機に直面しているので、このような段階的な道標が必要なのかもしれません。たとえば、高等学校から大学への進学、学校から仕事の世界への移動、あるいは、ある仕事から次の仕事への変化があるでしょう。そして、変化することは、選択することを意味します。

どのような仕事に就きたいか、職業は何にしたいかを決定するためにさまざまな職業適性テストを受けてみることが役に立つこともあります。あなたもそのようなテストを受けてみたかもしれません。これらのテストは、あなたにとって適切と思われる仕事とあなたをマッチングさせる職業テストです。キャリアテストが教えてくれるのは、あなたの仕事に関連する興味、能力、パーソナリティです。それらのテストが教えているのは、あなたにはどのようなスキルを相対しているか、あなたには相応しい人々をよく仕事の適切さとは何かです。これらのテストは、あなたの大学での専攻やあなたにもっとも適する職業を発見するためには、役に立つことも多いですが、このようなテストは、あなたのライフストーリー全体のほんの一部を教えてくれるだけです。

さらに完全に自己理解をするためには、仕事を活用してあなたは成りたかった願い人になるために、この鏡はどのようなライフストーリー全体について考える道標になるでしょう。あなたのライフストーリー、あるいはあなたの自伝を、知り、語ることによって、あなたのキャリア計画が意味を与えることになります。このようにして、キャリアの方向性を一瞬間違に知り、その自身のストーリーを、ライフ・キャリアの計画や決定をより意味のあるものにできます。MCS のワークブックは、あなた自身のライフストーリーを語り、意味のあるものにし、遂遂することを手助けします。MCS はあなた自身を映し出す鏡と考えてください。この鏡を注意深く見ることで、自分にとって、意味のある、その他にとっても重要な意義があるように、学校や仕事を活用できる以上を省察することができます。

MCS は、キャリア・カウンセリングの原理を応用して、あなたの現在のライフ・キャリアが直面する転機や将来のキャリアの方向性を、決定して、選択することを促進します。このワークブックを、あなたのライフ・キャリアストーリーを語り、耳を傾け、実践するために活用してください。次に、あなたの道程すなわちストーリーを、あなたのキャリアに活用してください。たとえば、教育や職業を選択し、キャリア計画を立てるときに、あなたのストーリーを関連付けてください。ワークシートの質問にどのように回答するかを省察して、あなた自身のキャリアについてのストーリー、あなたはどんな人で、どのような場所で仕事をしたいか、あなたが将来職業に自分をどのように関連づけるかについて、より巧みに語ることができるようになり、よりよく実践することができるようになるでしょう。

PART Ⅰ　私のストーリー

A. あなたは、人生の転機に立っています。その転機に対処するためにこのワークブックを使います。転機とは、高校から大学への進学、学校から就職、ある仕事から次の仕事へと移動する変化を経験していることです。このような過渡期の取り組みを、人生のどこかの年を終わらせ、次の新しい年をもの、何を選択するかを明確にするために、自己の内面に存在する、あなたを導く自己対話の物語を探求します。最初に、あなたが直面している過渡期について記述してください。また、あなたはこのワークブックをどのように役立てたいのかを記入してください。

B. さて、ここでは、今までにしようと思ったことがある職業をすべて書き出してください。現在、した人や将来、また過去にやってみたかったものを書き出してください。いくつもある人もいるでしょう。あるいは、1つ、2つ、あるいは、まったく思いつかない人もいるかもしれません。

C. 下に、次の4つの質問に対する回答を記入してください。

1. あなたは、子どものころ、或inは青年期どのような人を高く評価していましたか。あなたのあこがれている人はどのような人でしたか。あなたの母親や父親以外であなたがあこがれていた大きな3人挙げてみましょう。あなたが6歳、7歳、8歳ごろのことです。この人たちは、実際に存在する人、個人的に会ったことのない人、空想上のスーパー英雄や映画の主人公、スポーツ選手、あるいはどのような人であってもいいでしょう。近所の人や先生、スポーツ選手、政治家、科学者、音楽家、TVスター、小説の登場人物かもしれません。
このような3人のあこがれている人を次の欄に記入してください。それから、それぞれの人物について2、3行の理由や説明を付け加えてください。例えば、赤毛のアンを尊敬するならば、「彼女は独立心に富み、勇気のある人物だから」と書くでしょう。あるいは、キング牧師を尊敬するならば、「彼は社会正義の実現に努力したリーダー」と書くでしょう。仮に、スーパーマンを尊敬するならば、「真実と正義の実現に努力したので」と書くでしょう。

私の英雄、私が尊敬する理由：

a. _____
理由

b. _____
理由

c. _____
理由

2. あなたが好きな雑誌やTV番組、好きな雑誌名を書いてください。また、その理由を述べてください。雑誌を読まないならば、どのようなTV番組を見ますか？　好きな雑誌名、あるいはTV番組を3つ書いてください。
私の好きな雑誌、あるいはTV番組：それぞれの好きな理由を書いてください。

a. _____

b. _____

c. _____

3. 現在、あなたが好きなストーリーは？　あなたが何回も繰り返して読むストーリー、あるいはたくさん読むストーリーは何でしょうか？　そのストーリーについて述べてください。そのストーリーについて何が書いてあるのでしょうか？　そのストーリーの登場人物は？　好きなものがないなら、あなたの好きな映画はありますか？　あなたはよく見る映画は何でしょうか。その映画のあらすじを記述してください。

4. あなたの好きな名言、言い回し、諺、格言は何ですか。今まで聞いたモットー、名言で、好きなものはありますか？　車のバンパーに書いてある標語、部屋に掲げている言葉やモットーがありますか。複数あることもあるでしょう。もし、そのようなモットーがないなら、今ここで創作してもいいでしょう。

PART II　私のストーリーに耳を傾ける

PART I の質問で答えたのは小さなストーリーです。これを統合して大きなストーリーを作成しましょう。そして、あなたの人生を描写するストーリーを作成しましょう。人生の肖像画を文字で作成して、自分自身のライフキャリア・ストーリーに耳を傾けましょう。あなたが経験している変化の意味を発見し、すべき選択を明確にしましょう。

自己（SELF）：「私は、どのような人」「私はどのような人になるでしょう」
あなたの尊敬する人（あこがれる人）をどのように説明したかをまとめてください。

1. それぞれの尊敬する人のことを記述した最初の形容詞を書き出してください。

2. それぞれの尊敬する人を説明するために2度以上使用した言葉、あるいは似ている表現を書きだしてください。

3. あなたの尊敬する人たちに共通するものは何でしょうか。

4. あなたの尊敬する人たちを説明するために使用した重要な言葉や語句を書き出してください。

お知らせ 「私のキャリア・ストーリー」ライフ・キャリアを成功に導く自伝ワークブック

私がなりたい人は、どのような人？

場所：私がいたい場は？

あなたが選んだ雑誌、あるいはTV番組を確認してください。それらを説明するために使った言葉を共通語で見てください。この雑誌やTV番組ではどのような活動が行われていますか？ どのような人々が登場しますか？ どのようなことが起きているのか、あなたの雑誌やTV番組の中の人々は、どのようなことをしていますか？

雑誌やTV番組は、職場の場によってグループ化することができます。さまざまな雑誌や番組は、それぞれの場を設定します。次のページで現実的、研究的、芸術的、社会的、企業的、慣習的、慣習的のどれに、あなたの雑誌や番組の場所が相当するのかを確かめましょう。あなたが好む雑誌や場を表現する言葉を選びましょう。

このような場であなたは働きたいと思うなら、あなたが、日に働きたいら、あなたが話題にしたい課題、あなたが用いた手順がそこにあるでしょう。2つから4つくらいの文字を使って、あなたが好む場を記述してください。

私は、このような場で仕事をしたい。

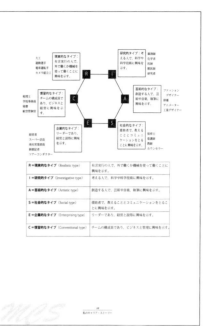

R＝現実的なタイプ (Realistic type)	有言実行の人で、外で働くや機械を使って働くことに興味を示す。
I＝研究的なタイプ (Investigative type)	考える人で、科学や科学技術に興味を示す。
A＝芸術的なタイプ (Artistic type)	創造的な人で、芸術や音楽、執筆に興味を示す。
S＝社会的なタイプ (Social type)	援助者で、教えることとコミュニケーションをとることに興味を示す。
E＝企業的なタイプ (Enterprising type)	リーダーであり、経営と説得に興味を示す。
C＝慣習的なタイプ (Conventional type)	チームの構成員であり、ビジネスと管理に興味を示す。

捉われ 幼いころの思い出	私が心配していることは：
セルフ 役割モデル	私は……のような人になる：
場 雑誌 TV番組 ウェブサイト	私は、人々がこのような活動をしている場にいたい：
台本 大好きなストーリー 本あるいは映画から	好きな映画や本の筋書は： だから、このような場面で私は……したい：
成功の公式 自分 舞台 脚本	私は……ならばもっともうまくやっているし、幸せに思うだろう： できること ＿＿＿＿＿ 周りの人がしている場所 ＿＿＿＿＿ そうすれば、私が……できる ＿＿＿＿＿
自己への アドバイス 格言・名言	成功公式に当てはめるために、自分に与える最高の忠告：

ストーリーの再構成

PART 1に戻ってください。あなたが感じ迷ずるであろう変化は何でしょう？ あるいはどのような選択をしたいのでしょうか。あなたが記述した成功の公式とあなたが思いているアドバイスに基づくと、あなたのストーリーはあなたをどこに向かって進めるでしょうか。ここで、あなたの成功の公式を用いて、自らに忠告をならて、このような転機の選択に際して、あなたはどのようにしたいのでしょうか。そのストーリーについて話してください。

職業を探求する

あなたの興味を表現するのに一番当てはまる場を提供する職業を探求してみましょう。あなたが興味あるとしてリストアップした職業を一覧して、今、あなたが選ぶ可能性のある職業は何でしょうか。

さらに可能性のある職業

さらに、可能性のある職業を、ホランドの性格コードの分類から探してみましょう。

PART III 私のストーリーを実現する

PART I と PART II の作業を終えて、あなたは自分のストーリーを実現する準備が整いました。あなたの計画は次の3つの部分から成り立ちます。

A. リフレクション/あなたのライフキャリアの新しい章を始めるために目標を設定しましょう。あなたが選んだ目標は、実行できるもので、あなたのキャリア・ストーリーを実現するものです。ゆえに、達成するために時間、資源、エネルギーが十分にあり、信じることができる（達成できると信じる）。具体的（測定できる、特定なもの）で、望ましい（あなたが成し遂げたいと思う）ものです。

私の目標は：

B. 語る：このワークシートを終えて、あなたの到達した結論について語ってください。次のステップは、あなたが招待する人に、あなたのキャリア・ストーリーを語ることです。家族の人々、友人、メンター、コーチ、先生などに多くの人に語ると、それだけそのストーリーが明確なものになり現実的なものになるでしょう。

C. 実行する：語るという活動によって、あなたの物語を演じています。あなたがリストアップした目標に向かって今日から進むとすれば、どこに向かって進むのか、2つから4つの特定な目的、あるいは小さなステップのリストを作成してください。あなたが取りうる小さなステップを作成する次を参考にしてください。

___ 私が興味をもっている職業についている人と話をする。
___ 私が興味をもっている職業で働いている人の話を聞く。
___ 興味ある仕事の情報について何か調べる。
___ この職業についてウェブサイトを調べる。
___ この職業についている人がいる場所を訪問する。
___ この仕事についている人を観察する。
___ その他。

私が選択した職業を試してみるために、

___ 主観する。
___ 研究する。
___ ボランティアをする。
___ 研修生となる。
___ 調査する。
___ その他。

私の目標に向かって進むために、私は――

職業興味の6領域

職場の環境	内容	雑誌名	TV 番組名
現実的興味領域 (Realistic：R 領域と略す)	機械や物体を対象とする具体的で実際的な仕事や活動の領域	「機械技術」「ハトと遊ぶ」「Tarzan」「トラビガイド」	スポーツ番組、ニュース番組、生活情報番組、「天才と動物物語」
研究的興味領域 (Investigative：I 領域と略す)	研究や調査のような科学的、探索的な仕事や活動の領域	「Newton」「日経サイエンス」「ナショナル・ジオグラフィック」	「サイエンスZERO」「地球ドラマチック」「ダーウィンが来た！」「世界ふしぎ発見」
芸術的興味領域 (Artistic：A 領域と略す)	音楽、芸術、文学等を対象とするような仕事や活動の領域	「音楽の友」「ダンスクエア」「芸術新潮」「Idea アイデア」「文芸界」	「音楽番組」「美の旅」「美の壺」「美の巨人たち」
社会的興味領域 (Social：S 領域と略す)	人と接したり、人に奉仕したりする仕事や活動の領域	「ソトコト」「ダンスファン」「プレジデント Family」	「情熱大陸」「日本の話芸」「総合診療医ドクターG」「ハートネットTV」
企業的興味領域 (Enterprising：E 領域と略す)	企画・立案したり、組織や運営や経営等の仕事や活動の領域	「日経ビジネス」「Forbes Japan」「東洋経済」	「日経討論」「カンブリア宮殿」「ガイアの夜明け」「ジョブチューン」
慣習的興味領域 (Conventional：C 領域と略す)	定まった方式や規則、習慣を重視したり、それに従って行うような仕事や活動の領域	「日経情報ストラテジー」「日経 PC21」「Mac Fan」「暮らしの手帖」「クロワッサン」	「なんでも鑑定団」「料理番組」

(著者注：雑誌名、テレビ番組名は、日本などで何に、放映されているものに変更しています）

My Career Story
An Autobiographical Workbook for Life-Career Success

Copyright © 2012
by
Mark L. Savickas and Paul J. Hartung

Japanese translation rights arranged with Mark L. Savickas through Shogyo Mizuno and Japan Institute of Career Development

All rights reserved. This information has been translated from the English language with the approval of Mark L. Savickas.
著作権所有 無断転載を禁じます。
本書は、著者の許可を得て、英語から翻訳されております。
A printable PDF version of workbook may be downloaded at www.vocopher.com (English version)

私のキャリア・ストーリー
ライフ・キャリアを成功に導く自伝ワークブック

2016年9月15日 初版発行

著 者 マーク・L・サビカス
監 修 日本キャリア開発研究センター
翻訳者 水野修次郎
発行所 遠見書房

〒181-0002 東京都三鷹市中央3-29-12
三鷹ナショナルコート004
発売元 遠見書房
TEL 050-3735-8185 FAX 050-3488-3894
tomishobo@tomishobo.com http://tomishobo.com
郵便振替 00120-4-585728

Japanese translated Edition© Japan Institute of Career Development 2016
Printed in Japan

監修：日本キャリア開発研究センター（Japanese Institute of Career Development：略称 JICD）　日本におけるキャリア開発及びキャリア・カウンセリングの発展を願って平成22年4月4日に設立。キャリア開発カウンセラー®の養成及び資格認定事業や国際交流事業等を実施している。これまで『キャリア開発と統合的ライフ・プランニング：不確実な今を生きる6つの重要課題（L. Sanny Hansen 著）』，『サビカス　キャリアカウンセリング理論〈自己構成〉によるライフデザインアプローチ（Mark L. Savickas 著）』を翻訳出版。HPのアドレス：http://jicd.net

監訳・著：水野修次郎　米シートン・ホール大学，ジョージワシントン大学卒。麗澤大学教授，財団法人モラロジー研究所道徳科学研究センター教授等を務める。現在は，立正大学特任教授。専門はカウンセリング，発達学。教育学博士，臨床心理士。日本の中学や米国の高校でカウンセラーを務めた。日本カウンセリング学会認定カウンセラー会前会長。著書に『カウンセリング練習帳』『争いごと解決学練習帳』他。編集翻訳書に『人格の教育』『「人格教育」のすべて』（いずれもトーマス・リコーナ著）『ゆるしの選択』（ロバート・エンライト著），共監訳『サビカス　キャリアカウンセリング』（M・サビカス著）他。

訳者：加藤聡恵　翻訳家

サビカス
ライフデザイン・カウンセリング・マニュアル
キャリア・カウンセリング理論と実践

2016 年 9 月 15 日　第 1 刷
2024 年 3 月 10 日　第 6 刷

著　　者　マーク・L・サビカス
監　　修　日本キャリア開発研究センター（にほんキャリアかいはつけんきゅう）
監訳・著　水野修次郎（みずのしゅうじろう）
発 行 人　山内俊介
発 行 所　遠見書房

181-0001 東京都三鷹市井の頭 2-28-16
株式会社　遠見書房
TEL 0422-26-6711　FAX 050-3488-3894
tomi@tomishobo.com　http://tomishobo.com
遠見書房の書店　https://tomishobo.stores.jp

ISBN978-4-86616-019-1　C3011
Japanese translated Edithon©Japan Institute of Career Development 2016
Printed in Japan

※心と社会の学術出版　遠見書房の本※

遠見書房

私のキャリア・ストーリー
［書き込み式ワークブック10冊セット］
ライフ・キャリアを成功に導く自伝ワークブック
　　　　M・L・サビカスほか著／JICD監修
小社刊行のサビカス「ライフデザイン・カウンセリング・マニュアル」用の記入式ワークブック。面接や研修に最適。3,080円，A4判16頁の冊子10冊入

ライフデザイン・カウンセリングの入門から実践へ
社会構成主義時代のキャリア・カウンセリング
　　　　日本キャリア開発研究センター　監修
編集：水野修次郎・平木典子・小澤康司・国重浩一　働き方が変わり新たなライフデザインの構築が求めれる現代、サビカス＋社会構成主義的なキャリア支援の実践をまとめた1冊。3,080円，A5並

ナラティヴ・セラピー
社会構成主義の実践
マクナミー＆ガーゲン編／野口裕二・野村直樹訳
新しい心理療法の時代は、家族療法の分野で始まった。待望の声がありながら版が止まっていたものを一部訳文の再検討をし復刊。今なお色あせない、一番新しい心理療法の原典。2,640円，四六並

喪失のこころと支援
悲嘆のナラティヴとレジリエンス
　　　　（日本福祉大学教授）山口智子編
「喪失と回復」の単線的な物語からこぼれ落ちる、喪失の様相に、母子、障害、貧困、犯罪被害者、HIVなど多様なケースを通して迫った1冊。喪失について丁寧に考え抜くために。2,860円，A5並

対人援助職の仕事のルール
医療領域・福祉領域で働く人の1歩め，2歩め　　　　　　　　　　野坂達志著
医療から行政まで幅広い仕事をしてきたソーシャルワーカー＋セラピストの野坂先生による仕事の教科書。お作法から「プロに近づくための応用編」まで、対人援助の基本を総ざらい。2,200円，四六並

思いこみ・勘ちがい・錯誤の心理学
なぜ犠牲者のほうが非難され、完璧な計画ほどうまくいかないのか
　　　　（認知心理学者）杉本　崇著
マンガをマクラに、「公正世界信念」「後知恵バイアス」「賭博者の錯誤」「反実思考」「計画の錯誤」といった誤謬の心理学が学べる入門書。1,980円，四六並

事例検討会で学ぶ
ケース・フォーミュレーション
新たな心理支援の発展に向けて
　　　　（東京大学名誉教授）下山晴彦編
下山晴彦、林直樹、伊藤絵美、田中ひな子による自験例に、岡野憲一郎らがコメンテーターの事例検討会。臨床の肝をじっくり解き明かす。3,080円，A5並

「かかわり」の心理臨床
催眠臨床・家族療法・ブリーフセラピーにおける関係性　（駒沢大）八巻　秀著
アドラー心理学、家族療法、ブリーフセラピー、催眠療法を軸に臨床活動を続ける著者による論文集。関係性や対話的な「かかわり」をキーワードに理論と実践を解説。3,080円，A5並

マンガで学ぶセルフ・カウンセリング
まわせP循環！
　　　　東　豊著，見那ミノル画
思春期女子のたまひちゃんとその家族、そしてスクールカウンセラーのマンガと解説からできた本。悩み多き世代のための、こころの常備薬みたいに使ってください。1,520円，四六並

N：ナラティヴとケア
ナラティヴがキーワードの臨床・支援者向け雑誌。第15号：オープンダイアローグの可能性をひらく（森川すいめい編）年1刊行，1,980円

価格は税込です